Medvandrare

Rune Larsson

Medvandrare

Vägmärken
i religionspedagogiken

Utgivare: Författaren
Tryck: BoD – Books on Demand (www.bod.se)

Utgivare: Rune Larsson
Förlag: BoD – Books on Demand, Stockholm, Sverige
Tryck: BoD – Books on Demand, Norderstedt, Tyskland
Omslag: Safiye Salih
ISBN: 9789177859628

Till
mina medvandrare
på lärandets väg

Innehåll

Förord

Välkommen att dela mina tankar om lärande och undervisning i skola och kyrka

En nygammal bok om lärande[1]

I din hand håller du en bok, som i sin första form växte fram i sällskap med mina studenter under föreläsningar och samtal vid teologiska institutionen (numera Centrum för teologi och religionsvetenskap) i Lund. Det första lilla häftet kom ut 1985 med titeln *Introduktion till Religionspedagogiken*. Sedan dess har den reviderats och växt ut så smått i flera upplagor. Boken du nu håller i din hand har genomgått en grundlig översyn och även fått ett nytt namn – *Medvandrare. Vägmärken i religionspedagogiken*. Med det namnet vill jag samtidigt berätta något om mitt pedagogiska tänkande.

Ta en liten paus och fundera med mig om bokens titel. I annat sammanhang har jag prövat möjligheten att byta ordet "lärare" mot "medvandrare". Då tänker jag på grekernas slav, pedagogen (paidagogos), som följde barnet till skolan och som också blev dess vägvisare till kunskap. I dag tänker jag mig att också barnet kan vara en pedagog för den vuxne, en som ser på tillvaron ur sitt perspektiv. Det handlar om respekt också för deras kunskaper. Med orden "vägmärken" vill jag tona ner det experttänk som gärna förknippas med ord som "handbok" och "introduktion" och öppna för tanken att vi söker vägar tillsammans. Välkommen alltså till att bli min *medvandrare i religionspedagogiken*.

---

[1] Baserad på tredje reviderade upplagan av min bok, *Introduktion till Religionspedagogiken*, utgiven av Teologiska institutionen i Lund 1993. Skriftserien Religio nr 17, som i och med denna utgåva avförs från denna serie.

Jag har varit angelägen om att behålla det lilla formatet. Det har sitt värde genom att ge en snabb överblick över ämnet. Förhoppningsvis kan boken locka till fortsatta, fördjupande studier, till exempel med hjälp av min mera omfattande introduktion till religionspedagogiken från 2009, *Samtal vid brunnar. Introduktion till religionspedagogikens teori och didaktik* (Arcus förlag).

Denna revision av *Introduktionen* utgår från tredje upplagen från 1993. Den har gett mig möjlighet till rättelser, kompletteringar och viss uppdatering. Den tidigare strukturen har behållits och förändringarna handlar i första hand om vissa mindre språkliga förbättringar, korrigeringar och tillägg med hänsyn till förändrade förutsättningar. De rätt omfattande litteraturlistorna har endast i undantagsfall kompletterats med nyare litteratur. En utförligare introduktion till religionspedagogiken hittar ni i *Samtal vid brunnar* (2009). För ytterligare information om nyare litteratur hänvisar jag till min hemsida: www.foersamlingspedagogik.one/litteratur.html

En nyhet för denna utgåva är citaten eller tänkespråken som inleder varje enskilt kapitel. Förhoppningsvis kan de – precis som hos mig – väcka till eftertanke och nyfiken glädje. De flesta har jag hämtat ur ett par publikationer av Parker J. Palmer, en av mina absoluta favoriter. För att underlätta förståelsen har jag och återgett dem i lätt redigerad form. Jag rekommenderar den böcker av Palmer jag använt – och hans övriga publikationer – med varmt hjärta. Se litteraturförteckningen och mera om Palmer på nätet.

Den uppmärksamme läsaren upptäcker snabbt också ett par andra saker i bokens bibliografi. Jag har för det första – som en service till läsaren – tagit med betydligt flera publikationer än dem jag direkt refererar till i framställningen. För det andra har jag med några få undantag avstått från att uppdatera litteraturförteckningen och hänvisar här till tidigare nämnda källor.

Lomma i januari 2019
Rune Larsson

Förord till första upplagan

Religionspedagogisk verksamhet har bedrivits så länge det har funnits människor. Familjen och den omgivande kulturmiljön har från generation till generation förmedlat och befäst religiösa kunskaper, riter, sedvänjor, värderingar och vad som i övrigt kan förknippas med religion och livsåskådning i olika former av informell pedagogik.

Vid sidan om familjen var det främst kyrkan som tog på sig ansvaret för samhällsmedborgarnas fostran och undervisning. Efter hand utvecklades det sekulära samhället ett från kyrkan alltmera fristående skolväsen som ibland också kunde innefatta religionsundervisning. I det sammanhanget ställdes kyrkorna inför en ny utmaning beträffande den konfessionella undervisningen.

Mångfalden av påverkansfaktorer har blivit alltmer överväldigande och svåröverskådlig i det moderna masskommunikationssamhället. Människans byperspektiv har sprängts. Hon har blivit världsmedborgare och ställs idag ansikte mot ansikte med religioner, livsuppfattningar och livsstilar från världens alla hörn. Familjens och närmiljöns betydelse som förmedlare av värderingar, normer och religiös tro har förändrats. Den religiösa undervisningen och fostran i familj, kyrka och skola befinner sig mitt uppe i en dramatisk förändringsprocess.

Den religionspedagogiska forskningen söker kasta ljus över det religiösa lärandets, undervisningens och fostrans förutsättningar, problem och möjligheter både i ett historiskt, nutids- och framtidsorienterat perspektiv. Uppgiftens karaktär ställer religionspedagogiken i skärningspunkten mellan en rad andra vetenskapliga discipliner och forskningstraditioner. Sin egenart får ämnet genom att anlägga ett pedagogiskt perspektiv på människan och hennes möte med religion och livsåskådning.

Föreliggande skrift vill ge en mycket elementär introduktion till det vetenskapliga ämnesområdet religionspedagogik. Samtidigt bör den uppfattas som en personlig positionsbestämning om vad som utgör religionspedagogikens centrala uppgifter. Förhoppningsvis ger introduktionen impulser för fortsatt religionspedagogisk men också

11

tvärvetenskaplig forskning till gagn för det pedagogiska arbetet i kyrka, skola och massmedier.

De särskilda forskningsmetodiska problem som aktualiseras inom religionspedagogikens olika delar kan inte bli föremål för behandling i denna introduktion. En sådan uppgift bör knytas till ett fortsatt utvecklingsarbete kring religionspedagogikens enskilda forskningsfält.

Lund 1985
Rune Larsson

Förord till andra upplagan

När det nu blivit aktuellt att trycka ytterligare en upplaga av *Introduktion till Religionspedagogiken* har jag funnit det nödvändigt att något utvidga och komplettera den tidigare utgåvan. De största förändringarna gäller det helt nyskrivna avsnittet om grundsynen (kapitel 3). I övrigt har främst kapitlet om lärandeprocessen (kapitel 5) genomgått den mest genomgripande förändringen. Litteraturlistan har utökats avsevärt och ordnats tematiskt efter de olika avsnitten.

Det är min förhoppning att boken skall tjäna sitt syfte att ge en första introduktion till ämnet religionspedagogik. Det skulle dessutom glädja mig mycket om den kunde bidra till att stimulera och underlätta det religionspedagogiska arbetet inom alla dess områden.

Lund på nyåret 1991
Rune Larsson

Kapitel 1
Vägen in i boken

Vilken enfaldig föreställning hos en far
kan få honom att sända sitt barn
till skolan för att lära sig
vad läraren tänker!

(Augustinus, The Teacher, kap 14)

I. Utgångspunkter

Den allmänna pedagogiken har beskrivits som vetenskapen om lärandets, undervisningens och fostrans[2] förutsättningar, mål, medel och resultat. Denna tredelade beskrivning understryker samtidigt betydelsen av att uppmärksamma lärandets, undervisningens och fostrans allmänna och principiella förutsättningar, i alla dess många aspekter i samspel med utvärderingen av pågående eller avslutad pedagogisk verksamhet (Jfr Egidius 1983 s 137).

Ett något öppnare sätt att beskriva "de pedagogiska vetenskapernas" forskningsområde återfinns hos Marton (1986, s 57f). Detta om-

---

[2] Jag kombinerar gärna orden "undervisning och fostran" med ordet "lärande", för att tydligare markera allas delaktighet i lärandeprocessen.

fattar enligt honom "studier som avser att kasta ljus över peda-
gogiska fenomen, dvs fostran, undervisning och utbildning." I an-
slutning till Amos Comenius (1562-1670) definierar han *didaktiken*
som läran om val och behandling av undervisningens innehåll (s 55).

Figur 1: Undervisningens organisation och sammanhang

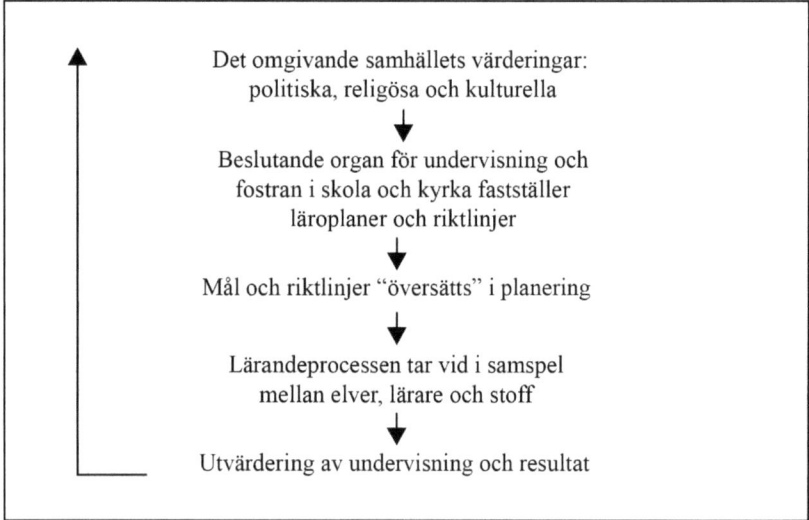

Varje form av lärande, undervisning och fostran bestäms till inrikt-
ning, genomförande och utvärdering av vilka som deltar i processen,
ämnesområdets särskilda krav samt det omgivande samhället med
dess aspekter, exempelvis föreliggande kulturtradition, social miljö
den politiska, religiösa och ekonomiska situationen samt en mängd
andra allmänna eller specifika förutsättningar. Dessa förutsättningar
och påverkande faktorer fångas vanligen upp i någon form av formu-
lerad eller oskriven "läroplan", som jag i det följande ger beteck-
ningen "undervisningsprogram". Som exempel kan nämnas *Läroplan
för grundskolan* (Lgr 80) och *Riktlinjer för Svenska kyrkans konfir-
mandarbete*. Också inom läroplanslösa områden för pedagogiska
aktiviteter som familjen och kamratkretsen gör sig olika typer av

"riktlinjer", normer och påverkansformer gällande. De flesta har säkert erfarenhet av hur kraftfulla sådana oskrivna regelverk kan vara.

Varje sådant "undervisningsprogram" är i någon mening insatt i en värderingsmässig ram, som bidrar till att forma målsättningen och genomförandeprocessen med dess människor, innehåll och arbetsformer. Till detta kommer också någon form av utvärdering, som kan löpa parallellt med undervisningen och ibland inrikta sig mera exklusivt på undervisningens slutfas, det som brukar betecknas som den genomförda aktivitetens resultat.

Målsättningen anger i sig en förväntan på ett resultat av undervisningen. Men frågan om resultatets förhållande till undervisningen och synen på vad innehållet egentligen är beror rätt mycket på vilka värderingar man har i synen på vad som läggs in i begreppet *kunskap*, hur man ser på *människan* och tolkningen av det *samhällsuppdrag* man anser sig vara förpliktigad till. Synen på människor som aktiva och delaktiga i skapandet av kunskap eller som passiva mottagare och brukare av sådant andra – s k experter – tänkt ut får betydande konsekvenser både på lärandeprocessen och det resultat man kommer att uppnå. Utvärdering av undervisning och fostran kan ibland ingå som en naturlig del av själva lärandeprocessen. I andra situationer kanske intresset mest riktas på att mäta vilken kompetens som deltagarna besitter vid avslutad utbildning. Kunskap om den lärandes förkunskaper vid undervisningens inledning har också stor betydelse för både lärandeprocessens uppläggning och dess utvärdering.

Här kan det vara på sin plats med en paus för samtal om citatet från Augustinus i kapitlets inledning. Utan att närmare gå in på Augustinus´ filosofiska kontext ger det mig följande tankar: Kunskap är alltid något personligt, något som formas inom varje enskild människa, när impulser utifrån vävs samman med den enskildes tidigare erfarenhets- och kunskapsvärld. Fundera gärna vidare över detta.

Utvärderingen av undervisningen ger också viktig information till dem som planerar och ansvarar för hela undervisningsprogrammet och ger värdefull vägledning inför revisionen av kommande undervisning (fig. 1 ovan). Med detta vill jag fästa uppmärksamheten på betydelsen av att låta kunskaper om resultat av en undervisning få konsekvenser i form av en återkommande justering av undervisningsprocessens former för att uppnå uppställda mål. Den som vill utforma en undervisning som är avpassad efter enskilda människors förutsättningar och växlande behov kan ha stor nytta av att göra en utvärdering, som kan ge vägledning för kontinuerliga revideringar och förbättringar av det pedagogiska arbetet.

2. Vad är religionspedagogik?

Hittills har mitt resonemang rört sig på ett mycket allmänt pedagogiskt plan. Fogar vi nu in begreppet "religion" innebär det en avgränsning av det område inom den vetenskapliga pedagogiken, som för tillfället ställs i blickpunkten. Enligt min mening kan religionspedagogiken som pedagogisk aktivitet principiellt sett beskrivas som en del av den allmänna pedagogiken. Med fokuseringen på "religion" i samspel med pedagogiken tillförs också teologin och religionsvetenskapen som samverkande ram och bas för religionspedagogiken.

Av detta följer att den religionspedagogiska undervisningen och forskningen står inför samma uppgifter som den allmänna pedagogiken samtidigt som den bestäms av de speciella förutsättningar som hänger samman med en undervisning och fostran arbetar med frågor om religion, livstolkning och livsåskådning inom alla de tillämpningsområden som kan komma ifråga såsom familj, kyrka, skola, sociala medier och massmedier. Därmed har jag också hävdat att religionspedagogiken och dess forskningsområde med dessa förutsättningar i princip har samma omfång som den allmänna pedagogiken. Däremot kan den inte reduceras till att enbart representera ett fackdidaktiskt område, exempelvis religionsämnets didaktik eller kyrkodidaktik. Dessa måste alltid ingå i en idé- och värderingsbaserad helhetssyn (Jfr härtill Marton 1986, 67f, 72ff).

Försöken att formulera religionspedagogiska teorier är många även om ämnet som vetenskaplig disciplin i den svenska kontexten är ungt och ofta har en svag ställning inom akademin. De olika försök som gjorts – framför allt internationellt – ger ändå värdefulla kunskaper om tänkbara förutsättningar och uppgifter för den religionspedagogiska forskningen och det praktiska pedagogiska arbetet med religiös lärande, undervisning och fostran. Synen på kunskap, människa och samhälle/religiös institution påverkar alltid de pedagogiska förutsättningarna och processerna. Detta blir kanske ännu tydligare, när teologiska eller religionsvetenskapliga synsätt i samspel med andra inblandade vetenskapliga områden kommer med i bilden och bryts mot varandra.

Inom de kyrkliga sammanhangen och teologin har begreppet *kateketik* länge använts för det kunskapsområde och den forskningsgren inom den praktiska teologin (numera kyrko- och samfundskunskap) som ägnat sig åt den kyrkliga undervisningen. Av flera skäl menar jag att detta begrepp i dag framstår som mindre lämpligt. Dels ger namnet associationer till historiskt belastade begrepp som katekes i betydelsen av ett i förväg fastlagt stoff för inlärning och en katekesmetod med i förväg givna frågor och svar, som mer eller mindre mekaniskt skulle läras in. Dels menar jag att begreppet innehållsligt är för snävt för att rymma den bredd jag anser att religionspedagogiken har. Kateketiken leder lätt tanken till en verksamhet som är avgränsad till kyrkans elementära undervisning. Därmed utlämnas både den allmänna skolans religionsundervisning och väsentliga delar av kyrkans undervisning, om man nämligen tänker sig att en kyrka undervisar genom hela sitt liv.

Uppdelningen i en skolinriktad religionspedagogik och en kyrklig kateketik är historiskt betingad och knuten till utvecklingen av en från kyrkorna fristående – eller åtminstone avgränsad – religionsundervisning med ett växande behov av sin egen vetenskapliga

17

bas. Kateketiken är av naturliga skäl den äldre vetenskapsgrenen och kan i sin moderna form följas tillbaka till mitten av 1700-talet. Möjligen kunde begreppet vara användbart så länge skolans religionsundervisning i huvudsak sågs som en kyrklig angelägenhet.

I Tyskland introducerades begreppet "religionspedagogik" omkring år 1900 med tillämpning på skolan. Först under efterkrigstiden utvecklades ämnet till ett eget forskningsområde, fortfarande vanligtvis i anknytning till ämnet praktisk teologi eller dess motsvarighet. Vid de tyska universiteten har ofta en av professorerna i praktisk teologi haft religionspedagogiken som sin huvudinriktning (Schilling 1970).

I USA pågick under senare delen av 1800-talet en kraftig utveckling av den kyrkliga undervisningen. Denna tog sig bland annat uttryck i bildandet av *American Sunday School Union* (1824) Kring sekelskiftet grundades organisationen *Religious Education Association*, vars tidskrift *Religious Education* startade 1906 och fortfarande utkommer. En av de mest inflytelserika teoretikerna i denna gemenskap var under inledningsskedet George Albert Coe (Westerhoff & Edwards 1981).

I den engelskspråkiga miljön har begreppet *"religious education"* använts – i protestantisk kontext – inom hela det religionspedagogiska fältet medan man i tyskspråkiga områden reserverat begreppet *"Religionspädagogik"* för den skolorienterade religionsundervisningen. När man därför under senare tid för den kyrkliga undervisningens del känt behov av att byta ut katektikbegreppet mot ett något mera aktuellt begrepp, valde man namnet *"församlingspedagogik"* (Gemeindepädagogik), som sedan mitten av 1970-talet tycks vara etablerat inom evangelisk religionspedagogik (Adam & Lachmann 1987) medan begreppet kateketik behållits i katolskt sammanhang.

För svenskt vidkommande ger en rad handböcker i praktisk teologi exempel på varierande beteckningar och bredd i det vetenskapliga arbetet kring religiös undervisning i kyrka och skola. I några fall behandlas undervisningsfrågorna i ett eget avsnitt med beskrivningar av utvecklingen fram till den nutida uppdelningen mellan den sekulariserade skolans undervisning och den speciella kyrkliga undervisningen (Brilioth 1945). Ibland har intresset begränsats till konfirmationsundervisningen och dess liturgiska sammanhang (Kjöllerström 1964). Utöver detta uppmärksammas området i anknytning till homiletiken och själavården.

I Sverige introducerades religionspedagogiken som särskilt undervisningsämne vid de teologiska institutionerna i Lund och Uppsala 1973. Det som då skedde innebar emellertid inte något försök att inom ett och samma ämne sammanföra all religionspedagogisk utbildning och forskning med inriktning på kyrka och skola. Det nya ämnet gavs i stället en mera avgränsad, skolorienterad och dessutom beteendevetenskaplig inriktning, som till viss del lämnade kvar den kyrkliga undervisningen inom kyrko- och samfundsvetenskapen. I Uppsala organiserades ämnet några år med anknytning till religionspsykologin en inom denna ram profilerad religionspedagogiskt forskarutbildning, som dock efter några år avvecklades.

3. Religionspedagogisk teori

Länge saknades en grundläggande ämnesteoretisk framställning i religionspedagogik på svensk mark. Förhoppningsvis kan denna elementära framställning tillsammans med min utförligare publikation, *Samtal vid brunnar. Introduktion till religionspedagogikens teori och didaktik* (2009) i någon mån fylla denna lucka.

Det första mera omfattande bidraget på området presenterades av Einar Lilja (1970) och var helt inriktat på skolans religionsundervisning. Lilja beskriver religionspedagogiken som "en gren av den allmänna pedagogikens skolämnesforskning". Därmed blir dess uppgift att "analysera och belysa den offentliga skolans religionsundervisning". Med hänvisning till att "den allmänna pedagogikens skolämnesforskning" avstår Lilja från att redovisa och ta ställning till de grundläggande frågorna om vad som är religionspedagogikens speciella och principiella förutsättningar. Någon teoretisk grundläggning av ämnet lämnas inte men författaren är väl medveten om att denna brist behöver mötas av kommande forskning.

Norrmannen Ivar Asheim (1974) är den forskare i Norden som lagt ner det mest omfattande arbetet på att redovisa ämnets grundläggande principiella grundfrågor. Hans ansats tas i den systematiska teologin. I en rad arbeten sedan början av 1960-talet och fortfarande är han den som i skandinaviskt sammanhang utvecklat den mest djupgående beskrivningen av religionspedagogikens teori. I sin kritik av Lilja menar han att denne med sin ämnesbestämning avgränsar religionspedagogiken till att endast behandla vissa delar av själva lärandeprocessen medan de grundläggande principfrågorna om undervisningens utgångspunkter, mål och innehåll försummas. Detta leder till att också de delar Lilja valt att behandla riskerar att fångas i ett snävt teknologiskt och inlärningsteoretiskt perspektiv.

Hos Asheim (1976) liksom i senare bearbetningar tillsammans med Mogstad (1987) möter vi en mycket vid definition av religionspedagogiken som en "religiöst begrunnet teori om undervisning og oppdragelse". Här handlar det om en självständig pedagogisk disciplin, som enligt dem har sitt fundament i en kristen troshållning. Detta preciseras av Asheim som en "vetenskaplig reflektion kring frågor i samband med undervisning och fostran *i den kristna trons ljus*" (kursivt här).

Teorins och undervisningens religiösa förutsättning är given. Det grundläggande, principiella motivet finner Asheim i den kristna trons självförståelse som en "totalhållning till tillvaron som helhet". All undervisning och fostran måste därför föras in under denna förutsättning. En principiellt viktig poäng i detta resonemang ligger i den helhetssyn på lärande, undervisning och fostran som följer av detta. Den enkla tesen är att varje enskilt undervisningsprogram måste brukas och tolkas inom sin idémässiga ram.

Som en praktisk motivering till sin definition av religionspedagogiken anför Asheim, att denna bättre än andra tillgodoser kraven på

"en allsidig och organisk behandling" av undervisningens och fost-
rans problem:
- den isolerar inte religionsämnet från andra ämnen
- den isolerar inte kyrkans dopundervisning från annan undervisning
- den isolerar inte 'undervisning från 'fostran'
- den isolerar inte 'kristen fostran' från annan fostran (s 11).

Både Asheim och Lilja utvecklar sin pedagogik med inriktning på
lärande, undervisning och fostran i skolan. För Asheims del var detta
möjligt i den dåtida offentliga skolans konfessionella religionsunder-
visning i Norge. Asheims teori är emellertid genom sin utformning
utan vidare tillämplig på varje annat område, också den praktiska
teologins kateketik, ja i princip på alla former av lärande, undervis-
ning och fostran – inte endast den specifikt kristna undervisningen i
kyrka och skola – under förutsättning att man accepterar dess kon-
fessionella karaktär.

Asheims "religiöst begrundade teori" är emellertid till sin karaktär
exklusiv genom sin förutsättning i en bestämd religiös tro. Som mo-
dell erbjuder den samtidigt en viss öppenhet. Den skulle i princip
kunna övertas av varje religiös och livsåskådningsmässig pedagogik
som är baserad på en egen (religions-) pedagogiska helhetssyn som
därmed kan fungera som bas för ett sammanhållet pedagogiskt pro-
gram. I ett sådant program kan den värderingsmässiga mångfalden i
samhället bli föremål för bearbetning och kritisk reflektion. Däremot
tillåter inte – så långt jag kan bedöma det – en teori av Asheims typ
en omvänd dialogisk ansats i den meningen att det pedagogiska pro-
grammet skulle kunna byggas upp på basen av en pluralistisk "total-
hållning till tillvaron". Någon grund för den svenska skolans reli-
gionskunskap kan därför inte Asheims program erbjuda. Däremot
skulle det kunna ha sin tillämpning på andra typer av konfessionell
undervisning, exempelvis en kyrklig undervisning.

Asheims starka betoning av grundsynens avgörande betydelse
kontrasterar markant mot situationen i den svenska skolan. Den

21

svenska modellen med sin icke-konfessionella religionsundervisning tycks nämligen enligt min mening helt sakna en tydlig redovisning av de grundläggande principerna för dess bakomliggande religionsbegrepp, innehåll och syfte i övrigt.

Debatten om den västtyska religionspedagogikens teori och praktik är näst intill oöverskådlig. I årtionden – för att inte säga sedan sekelskiftet 1900 – har debattens vågor gått höga. Sedan början av 1970-talet har Karl Ernst Nipkow framstått som en representant för den riktning inom evangelisk religionspedagogik som varit dominerande. Hans mångåriga utvecklingsarbete på området sammanfattar han i tre band, *Grundfragen der Religionspädagogik* (Nipkow 1975-1982).

Nipkow, som är praktisk teolog och pedagog, menar att religionspedagogikens omfång innefattar "alla religiösa undervisningsprocesser, inom och utom skolan". Dess område är alltså mycket brett och har beröring med alla indirekta, religiöst relevanta påverkansfaktorer i dagens samhälle. Liksom Asheim anser Nipkow – notera att båda skriver i en tydligt redovisad kristen kontext – att religionspedagogiken måste ha sin förankring i en klart profilerad kristen teologi. Enbart med en sådan positionsbestämning kan den fungera som utgångspunkt för en kritisk reflektion kring allt det som hör samman med kyrkans – och samhällets – pedagogiska verksamhet.

Kurt Bergling, som fram till 1989 företrädde religionspedagogiken i Uppsala, beskrev 1977 ämnet som "en empiriskt inriktad disciplin, som med beteendevetenskapliga forskningsmetoder söker svar på frågor om 'det religiösa livet'". De forskningsområden som därvid aktualiseras avser "uppkomst och utveckling av religiösa och livsåskådningsmässiga begrepp, religiöst tänkande och religionsmognad". Vidare ingår i den religionspedagogiska forskningen frågor som hänger samman med "förmedlandet av religiösa och livsåskådningsmässiga tolkningar av människans livssituation vid uppfostran, undervisning och annan påverkan" (Bergling 1977).

Den "beteendevetenskapliga empiriska" inriktning som ämnet fått i Uppsala möjliggör till vissa delar en sammansmältning av de tidigare skol- respektive kyrkospecialiserade vetenskaperna religionspedagogik och kateketik. I den meningen är bredden principiellt sett jämförbar med Asheims modell. Däremot har en mycket betydelsefull avgränsning skett genom en sträng koncentration till vissa problem inom själva lärandeprocessens ram.

Huvudintresset har förlagts till individens utveckling (närmast till tänkandets och den teoretiska kunskapens utveckling) och mognad, sociala betingelser och andra faktorer som påverkar förvärvandet av kunskaper, normer och färdigheter. Detta leder vidare till det didaktiska och undervisningsmetodiska området, dvs frågor om hur stoffet ordnas med hänsyn till de individuella förutsättningarna och stoffets egen struktur samt hur själva undervisningen arrangeras, exempelvis ifråga om interaktion mellan lärare och elev, undervisningsmiljö, individualisering osv. Den huvudsakliga inriktning ämnet fått kan närmast betecknas som pedagogisk psykologi, tillämpad på ett religiöst material, samt – i anslutning därtill – vissa avgränsade didaktiska och metodiska aspekter.

Det föreligger en uppenbar risk med en religionspedagogisk teori som lämnar grundsynsfrågorna, mål-, innehålls- och utvärderingsfrågorna åt sitt öde. Därmed försvagas möjligheten till en grundsynsbaserad kritisk hållning i det forsknings- och framtidsinriktade arbetet och inte minst den pedagogiska praktiken i klassrummet. Ämnet förlorar sin helhetsstruktur och därmed också viktiga förutsättningar för en diskussion av kriterier för undervisningens mest grundläggande frågor, exempelvis frågorna om synen på människan, kunskapen och samhället (inklusive förekommande religiösa gemenskaper). Detta leder i sin tur till att också det viktiga "beteendevetenskapliga empiriska" arbetet förlorar sitt betydelsesammanhang genom att isoleras från reflektionen kring undervisningens idémässiga förutsättningar, värderingar och syfte.

23

Lista 1. Religionspedagogikens forskningsområden enligt Bergling (1977)

---

1   *Religiös utveckling och mognad*

Religionsmognad - kognitiva aspekter

*   Generella strukturer som bildar förutsättningar för det religiösa tänkandet

*   Uppkomst och utveckling av religiösa och livsåskådningsmässiga begrepp

Personlighetspsykologiska aspekter på den religiösa mognaden

2   *Förvärvandet av tros- och livsuppfattning i den sociala kontakten*

Socialisationsprocessen

Tros- och livsåskådningsattityder och -värderingar
Utvecklingen av etiska, sociala och religiösa normer och handlingsmönster

3   *Förmedling av det religiösa budskapet*
i skolans religionsundervisning
i kyrkans gudstjänst- församlingsliv
i massmedier

På det teoretiska planet förefaller det som om 1950- och 60-talens i grunden traditionsorienterade och förmedlingsinriktade teorier med stark inriktning mot empirism utövat ett överraskande stort inflytande också sedan nya insikter om behovet av ett fördjupat hermeneutiskt perspektiv gjort sig gällande. Därmed har risken varit påfallande att frågorna om undervisningens och fostrans "varför", "vartill" och till och med "vad" förbigåtts utan djupare reflektion eller framstått som så givna och självklara att de aldrig blivit föremål för kritisk diskussion. I centrum placeras i stället metodfrågan, "hur" människan som kunskapsinhämtande varelse är beskaffad och hur man kan anordna den mest effektiva kunskapsförmedlingen? (Jfr Marton

1986, s 41 ff). Något som också bekräftas av den framskjutna plats som psykologin har getts.

Detta i och för sig viktiga perspektiv kan i sin tur användas på många sätt. Väljer man en *undervisningsteknologisk* ansats, enligt vilken undervisningen närmast framstår som en mekanisk process, där varje detalj kan definieras och kontrolleras med hjälp av kunskaper om inlärningsmekanismer och generella principer för mänskligt tänkande. En annan sida är att människan mer eller mindre görs till ett instrument för samhällets behov och att den lärande behandlats som ett mer eller mindre passivt mottagande objekt. Drivet till sin yttersta spets leder detta till de självinstruerande läromedel som under några år ansågs vara en pedagogisk framtidsväg. Här förenades avancerade tekniska hjälpmedel med inlärningsteoretiska föreställningar, vars främste och mest kände företrädare var den amerikanske psykologen Burrhus F Skinner.

En annan mera renodlad inlärningsteoretisk ansats riktar intresset mot kunskapsförvärvandets teoretiska struktur. Också när man i stället för "stoffet" anser sig ställa eleven i centrum i en inlärnings- och utvecklingspsykologisk ansats föreligger en risk att denne reduceras till ett objekt för andras intressen, där den grundläggande inställningen kan beskrivas som ett enkelriktat subjekt-objekt-förhållande. Något skall förmedlas från den som förfogar över kunskapen, i det här fallet experten/läraren, till eleven, som anses sakna kunskap. Den vägledande principiella grundfrågan är inte, om denna kunskap är efterfrågad eller ur annan synpunkt meningsfull för eleven. Den frågan är redan avgjord. Intresset har i stället inriktats på elevens förmåga och förutsättningar att tillägna sig det givna stoffet och hur detta på bästa sätt skall överföras till eleven, lärandets objekt. Oberoende av vilket alternativ som väljs görs eleverna till undervisningens mottagande objekt.

Figur 2: Den religionspedagogiska teoribildningen hämtar sina byggstenar från teologin och pedagogiken och formas samtidigt i ett dialogiskt förhållande till det omgivande samhället.

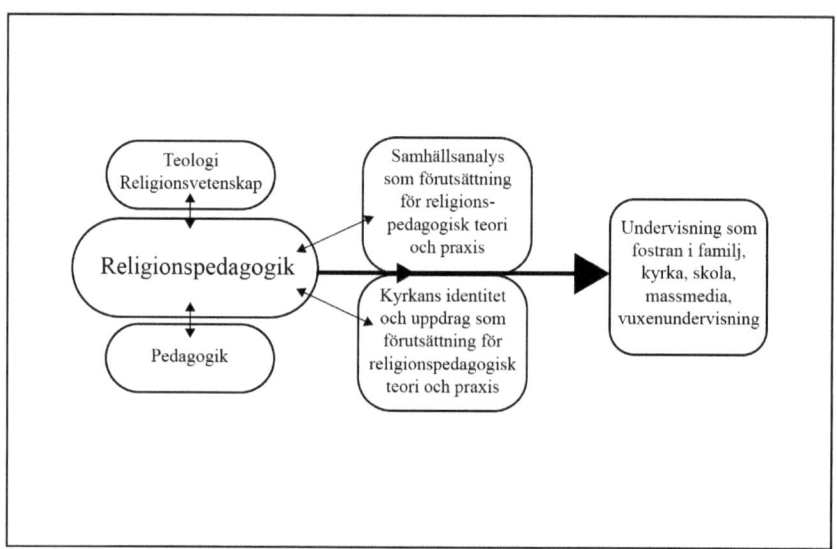

Den bok du nu håller i din hand – *Medvandrare* – utgår i likhet med den internationella religionspedagogik jag inspirerats av från en helhetssyn på undervisningens totala förutsättningar och sammanhang i en demokratisk ram med respekt för alla dem som är delaktiga. Med detta som "vägmärke" närmar vi oss de enskilda delarna i lärandet och undervisningen. Frågorna om de grundläggande värderingarna, undervisningens ramfaktorer i det omgivande samhället, dess teoretiska förutsättningar, syfte och innehåll har placerats i centrum. Först med dessa förutsättningar anser jag att den professionella forskningen och den vardagsnära pedagogiska praktiken kring undervisningens "hur" kan bli meningsfull och inställd i ett perspektiv, där deltagarna, de lärande, förblir subjekt i ett dialogiskt förhållande till medvandrarna i lärandeprocessen (exempelvis lärarna) och det omgivande samhället. I detta lärande blir både de som vanligen kallas lärare och elever ömsesidigt lärande medvandrare i dialog med det ämne som för tillfället studeras – också det ett slags subjekt.

Som jag tidigare påpekat hämtar religionspedagogiken sitt grundläggande material från teologin och pedagogiken. Detta gäller inte minst för utvecklingen av religionspedagogikens systematiska och ideologiska, strukturella och innehållsteoretiska delar. Samtidigt kan enligt min mening ingen konstruktiv teori utformas isolerad från den omgivande verkligheten. Den religionspedagogiska teorin får sin form i ett historiskt sammanhang och i en ömsesidig relation till det omgivande samhället, den kyrka och uppdragsgivare i övrigt den i det enskilda fallet har att tjäna (fig. 2). Om en sådan helhetssyn på det religionspedagogiska forskningsområdet accepteras, får det vittgående konsekvenser för ämnets forskningsmässiga orientering i sin helhet. Behov kommer att anmäla sig av ett nära samarbete med en rad vetenskapliga discipliner såväl inom det teologiska som det samhälls- och beteendevetenskapliga området. Den sammanhållna och samtidigt mångfasetterade religionspedagogiska frågeriktningen kring undervisningens och fostrans "varför", "vartill", "vad", "hur" ställer ämnet i skärningspunkten mellan en hel bukett av vetenskapliga discipliner.

Bidragen från "grannvetenskaperna" utgör material för ett specifikt religionspedagogiskt arbete, som i sig rymmer mängder av deluppgifter för specialiserade forskare. Det är emellertid av stor betydelse, att denna forskning sker i ett brett pedagogiskt perspektiv och utifrån sammanhållna pedagogiska frågeställningar och inte förs in som lösryckta element från andra vetenskapliga områden.

Jag avslutar detta avsnitt med ett försök att formulera min definition av religionspedagogiken som vetenskapligt ämne på följande sätt:

> Religionspedagogiken utgör en vetenskaplig disciplin som ägnar sig åt de problem som sammanhänger med förvärvandet av kunskaper, värderingar och handlingsmönster av religiös och livs-åskådningsmässig art.

4 Religiöst lärande, undervisning och fostran
– samsyn och spänningsfylld mångfald

Den enskilda människan möter sällan religiös påverkan från endast ett av de nämnda pedagogiska handlingsområdena familj, kyrka, skola och massmedia (Jfr fig. 3). Vill man därför studera förvärvandet av religiösa kunskaper, värderingar och förhållningssätt är det nödvändigt att så långt som möjligt observera hela den mångfald av värderingar, ekonomiska, sociala, kulturella och övriga faktorer som på skiftande sätt bryter sig mot varandra inom de olika pedagogiska handlingsområdena och i samhället som helhet.

Figur 3: Individens totala upplevelse av religiös undervisning och fostran kan präglas av samsyn men också av spänning mellan motstridiga värderingar och mål.

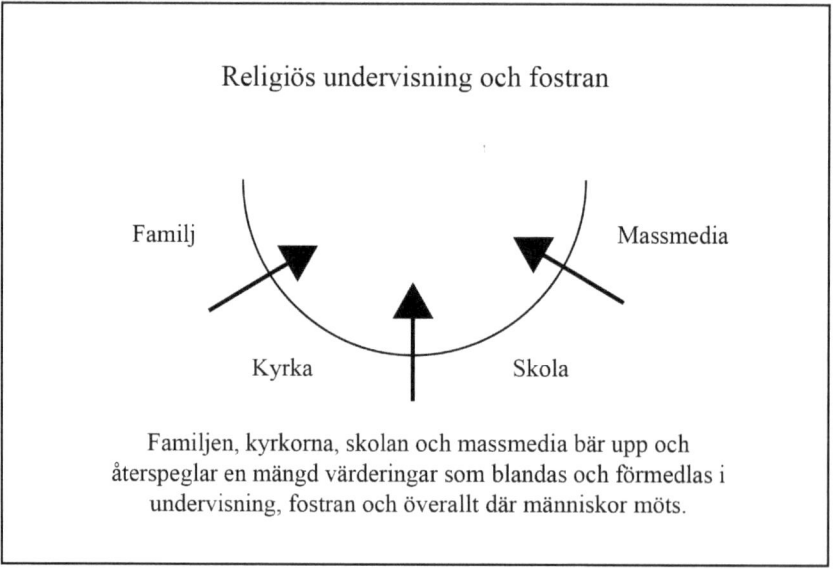

Religiös undervisning och fostran

Familj

Massmedia

Kyrka

Skola

Familjen, kyrkorna, skolan och massmedia bär upp och återspeglar en mängd värderingar som blandas och förmedlas i undervisning, fostran och överallt där människor möts.

Förutsättningarna för lärande, undervisning och fostran inom de olika pedagogiska områdena är så skiftande att det inte är möjligt att forma några generellt giltiga mönster för delområdenas målsättning, undervisningsprocess och utvärdering. Forskningen bör därför påta sig uppgiften att genomföra ideologikritiska analyser av de enskilda pedagogiska programmen och med detta som hjälp ta fram förslag för pedagogiska praktiker på olika nivåer.

Lika angelägen är uppgiften att söka tränga bakom och klarlägga de föreställningar och omständigheter som bestämmer exempelvis lärares, föräldrars, dagbarnvårdares och journalisters vardagsarbete med relevans för religiös undervisning och fostran.

Lägg märke till att lärande, undervisning och fostran är något som ständigt pågår också när det sker utan fastställda läroplaner. Ibland styrs den pedagogiska processen av "dolda läroplaner", dvs vanligen oreflekterade faktorer inom informella områden för lärande. Det kan exempelvis gälla socialt betingade styrmekanismer, den allmänna atmosfären, klassrummets organisation och klimat och mycket annat. Vägen mellan formulerade mål och vad man faktiskt uppnår med pedagogiska insatser korsas av en mängd kända och okända inslag, som kan stödja, försvåra eller till och med förhindra att eftersträvade mål uppnås.

Helhetsperspektivet på den enskilda människan förpliktar varje ansvarig pedagog att aldrig isolera de enskilda pedagogiska områdena från varandra. Lika lite får målsättning, undervisningsprocess och utvärdering brytas loss ur sitt sammanhang. Målsättningar som saknar realistiska möjligheter att omsättas i lärande, undervisning och fostran, saknar mening och leder lätt till frustration och uppgivenhet. Frågorna kring innehåll och arbetssätt kan av naturliga skäl aldrig isoleras från undervisningsprogrammets mål. Samma sak gäller enskilda problem om hur människor tar till sig religiösa kunskaper och värderingar liksom en reflekterad och integrerad religiös livssyn.

De pedagogiska aktörerna i form av enskilda människor eller institutioner – det må vara eleverna själva tillsammans med föräldrar, lärare, kyrkor och skolsystem – återspeglar var och en på sitt sätt och med skiftande genomslagskraft hela den mångfald av värderingar och normer som finns i samhället. Inte alltid – kanske bara i undantagsfall – baseras ett religiöst undervisningsprogram på en konsekvent genomförd livsåskådningsmässig princip eller religiös trostolkning. Analyser av läroplaner, läromedel och pedagogisk verksamhet visar i själva verket på tydliga inkonsekvenser, motsättningar och spänningar (Jfr Larsson 1980 och Törnvall 1982 m fl).

Inte alltid är dessa förhållanden medvetna eller föremål för reflektion bland dem som bär ansvaret för undervisningen. Ur barnets eller den studerandes synpunkt är risken stor, att en sådan form av undervisning och fostran leder till förvirring och osäkerhet. Problemet blir ännu större om den enskilda människan samtidigt möts av otydliga budskap från flera håll. Alternativ som prövats för att hantera sådana konflikter är att å ena sidan försöka skapa väl avgränsade kristna skolsystem, som försöker ge en undervisning som i sin helhet är präglad av kristna värderingar. Särskilt inom katolsk tradition har denna lösning ofta eftersträvats. Den andra lösningen ligger i försök att utveckla former för att stödja den enskildes förmåga att leva i en värderingsmässig mångfald. Ja, att till och med se mångfalden som en berikande möjlighet till nytt lärande. Fundera och samtala gärna om fördelar och nackdelar med de båda alternativen.

Den för alla gemensamma, icke-konfessionella religionsundervisningen i Sverige är internationellt sett en ganska unik företeelse. Den utgör ett radikalt försök att utforma en undervisningsform, som respekterar den existerande religiösa och livsåskådningsmässiga mångfalden. Modellen sätter vissa gränser för undervisningens mål och innehåll samtidigt som ingen ur religionsfrihetssynpunkt skall behöva ställas utanför. Det kan emellertid ännu inte anses vara klarlagt, vilken form av religion och livstolkning denna typ av undervisning i verkligheten bidrar till. Kanske till en relativistisk och sekulär livssyn eller till öppenhet och nyfikenhet på det ännu okända eller främmande. Ur en enskild kyrkas eller livsåskådnings synpunkt finns det anledning att diskutera hur skolans undervisning *om* religion kan kompletteras med insatser, där eleverna mera omedelbart får möta en bestämd tro och en praktiserad religion.

Kritiken mot den svenska lösningen är ofta stark utomlands. Vanligen hävdas då, att religionen förlorar alltför mycket av sin egenart genom att göras till objekt för kunskapsinhämtning på de premisser en offentlig och obligatorisk skola som den svenska anses kunna tillåta. Ofta pekar man också på de särskilda problem som hör samman med de yngre barnens behov av att möta enhetliga former av lärande, undervisning och fostran i familj, kyrka och skola.

Detta motiveras inte nödvändigtvis med att man vill isolera eller avskärma barnen från den värderingsmässiga mångfalden i samhället. Däremot betonas betydelsen av att barnen får göra dessa erfarenheter steg för steg från en utgångspunkt som känns trygg för barnet. En möjlighet skulle kunna vara att ge utrymme för en anknytning till familjen som den värderingsmässiga miljö, där barnet erhållit sin första och grundläggande undervisning och fostran.

Debatten om den svenska skolans religionsundervisning illustrerar tydligare än motsvarande diskussion kring övriga ämnen dagens värderingsmässiga mångfald och spänningen mellan motstridiga krav och förväntningar (Selander 1982).

31

Kapitel 2
Miljöer för lärande, undervisning och fostran

(när jag delar mina erfarenheter med mina kolleger)
inser jag att min gåva som lärare
är förmågan att dansa med mina elever,
att tillsammans med dem skapa ett sammanhang
i vilket vi alla kan ge och ta kunskap...

(Palmer 1998, s 72)

I. Helhetssyn som håller samman delarna

Påverkan av människor genom planmässig eller spontan pedagogisk aktivitet äger rum på en mängd områden. Både barn och vuxna skaffar sig kunskaper, färdigheter, värderingar, livshållningar och mycket annat i en mängd sammanhang. Inte minst för religionspedagogiken finns det därför särskild anledning att vara uppmärksam på de många svårgripbara, formella, informella och spontana miljöer där människor utsätts för påverkan. Även om ingen enskild forskare eller praktiker personligen har möjlighet att ägna sig åt alla sådana områden för lärande finns det anledning till öppenhet inför detta för att inte helheten och mångfalden i människors lärande försummas. Och kanske också för att ibland påminna sig om att lärandet är något som redan pågår innan pedagogen kom in i rummet.

Figur 4: Religionspedagogiska delområden. En principskiss

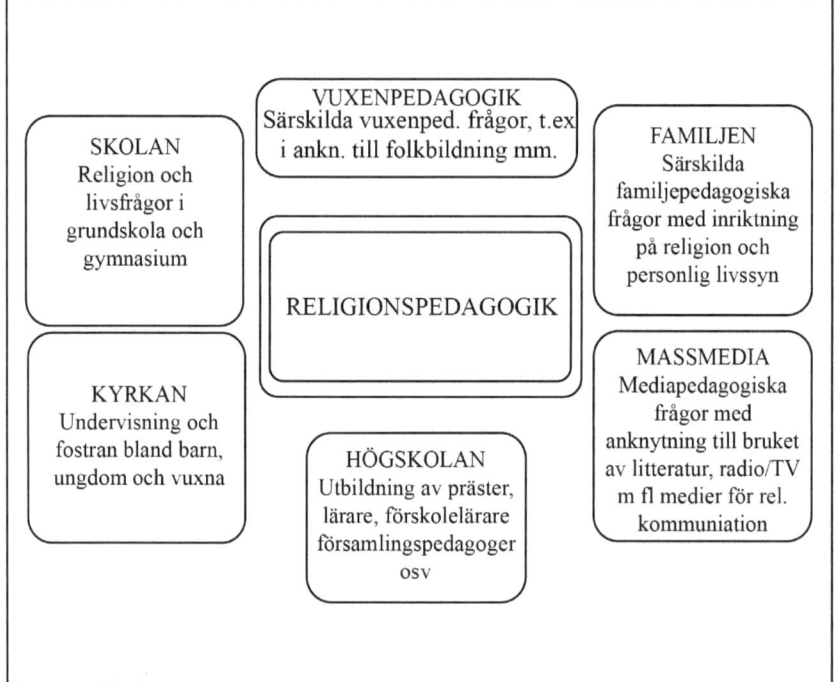

Av praktiska skäl måste den enskilde forskaren och praktikern avgränsa sig till sin speciella del. Samtidigt som hon/han skaffar sig en så tydlig bild som möjligt av hur det valda området hänger samman med övriga delar i den pedagogiska helheten. Figur 4 illustrerar en grundstruktur för det nätverk av pedagogiska delområden, där religiöst lärande, undervisning och fostran äger rum och som var och en kan ha anledning att beakta.

Den pedagogiska grundsynen utgör – tillsammans med en rad yttre ramfaktorer – basen, som allt vilar på. Det är kittet som håller samman delarna och ger dem deras innebörd och roll, även om detta i praktiken ofta kan bli otydligt på grund av kompromisser, konflikter mellan konkurrerande, outtalade och ibland omedvetna och reflekterade värderingar. Målsättningen och lärandeprocessen med alla dess komponenter är pedagogiska delområden som alla har relevans för de pedagogiska aktiviteterna i kyrka och skola, familj och massmedia. Därför behöver de alla bli föremål för kritisk uppmärksamhet av både teoretiker pedagogiska praktiker.

Motsvarande gäller de särskilda förutsättningar som påverkar enskilda pedagogiska verksamhetsformer och funktioner inom varje enskilt delområde, exempelvis kyrkorna. En sådan helhetssyn aktualiserar behovet att sätta in varje del i sitt sammanhang, sådant som grundsyn, mål, process och utvärdering. Sammanfattningsvis kan det handla om följande:

- Grundsynsfrågorna med det grundläggande värderingssystem som bestämmer vår människosyn, kunskapssyn och samhällssyn;

- Målsättningen som beskriver vart man vill komma;

- Lärandeprocessen i sitt dynamiska samspel mellan samtliga delar – lärare/ledare/medvandrare, elever/deltagare, stoff och arbetsformer;

- Utvärderingen i dess olika former med inriktning på process och produkt;

- Återkoppling och revision av fortsatt och/eller kommande undervisning, kritisk granskning av undervisningen som helhet.

I de följande avsnitten fördjupas diskussion kring de nämnda religionspedagogiska områdena. Exempel har hämtats från läroplaner och annat material samt från olika forskningsinsatser. Frågor formuleras för reflektion och samtal och det fortsatta praktiska arbetet. Framställningen gör inte anspråk på fullständighet eller balans mellan olika områden. Syftet är att ge några smakprov och en första orientering om några väsentliga problem och att därmed uppmuntra läsaren till fortsatta studier men kanske främst till att själv hitta sin egen väg. Kort sagt, vill jag placera ut några "vägmärken" för den fortsatta resan.

Först en inbjudan till gemensam reflektion kring kapitlets inledande citat. Sammanhanget handlar om hur en lärare med hjälp av sina kolleger fördjupar sin självinsikt. Palmer sammanfattar det mest avgörande med den närmast poetiska formuleringen om "förmågan att dansa med mina elever", att tillsammans skapa ett rum för lärande, där alla kan ge och ta. Samtala och fundera över vad detta kan innebära i er situation och för var och en personligen!

---

2. Lärande, undervisning och fostran i familj och närmiljö

Att familjen har stor betydelse för den enskildes utveckling behöver knappast beläggas. Och då gäller det inte endast de första åren utan hela livet. Barndomens upplevelser kan fungera som öppna portar mot ett rikt liv, fyllt av nyfikenhet, lust att lära och upptäcka. Dessa erfarenheter kan ha präglat unga människor till en djup trygghet i mötet med det nya och okända.

Motsatsen känner vi också väl till, kanske alltför väl. Biografiska skildringar ger ibland skakande bilder av hur skrämmande eller frånstötande barndomsupplevelser av religion utgör livsvariga hinder och rädsla att på nytt gå in i sådant som kan ge erfarenheter av nära mänskliga relationer och kristen tro. Kanske bränner det till inom oss av smärtsamma och länge instängda minnen, som skulle behöva hitta rum av öppenhet och generositet för att kunna delas.

Det familjepedagogiska området skiljer sig ganska markant från vad som gäller för exempelvis skolan. Det blir tydligt, när man reflekterar över de religionspedagogiska frågorna i förhållande till de små barnens omgivning, i första hand föräldrarna men också övriga personer i barnens sociala miljö. Lärande, undervisning och fostran har i dessa miljöer en mera informell, spontan och kanske också – med hänsyn till barnens ålder – mera individorienterad prägel.

Men frånvaron eller den begränsade betydelsen av formaliserad pedagogisk aktivitet är givetvis inte liktydigt med att föräldrar, mor- och farföräldrar, förskolepersonal med flera skulle sakna föreställningar om vad de vill med sitt arbete tillsammans med barnen. Dessa vuxna blir också tidigt påminda om att de ingår i en större värld, att de utför sitt fostrande arbete vid sidan om och ibland i konkurrens med andra påverkande krafter. Deras påverkan av barnen i form av delade värderingar och lärande kompletteras, stöds eller ifrågasätts i barnens möten med andra livsmiljöer de rör sig mellan.

Familjens egen-producerade pedagogiska miljö kompletteras alltså tidigt av andra inslag, som föräldrarna endast delvis har inflytande över. Familjen möter detta i form av dagmammor och förskolans pedagoger, TV och kamrater, bostad och boendemiljö, arbete, ekonomi och föräldrarnas begränsade möjligheter till ett önskat engagemang för barnen, lojalitetskonflikter gentemot kolleger, medförälder och mycket annat.

Detta förhållande att den familjepedagogiska processen saknar fastställd "läroplan", har ibland inspirerat skolinriktade pedagoger till att utveckla undervisningsprogram med vissa inslag i familjepedagogiken som förebild. Kännetecknande för dessa försök är upptäckten av sådant de sett som fördelar i jämförelse med det vanliga skolsystemet, exempelvis den flexibla anpassningen till växlande situationer, spontaniteten och den individuella anpassningen, frånvaron av klass-, årskurs- och ämnesindelningar. Tanken med att ta hjälp av dessa former kan vara en önskan att ge det enskilda barnet ökad frihet och möjlighet att utvecklas i sin egen takt och att möta verkligheten som en odelad helhet också i det pedagogiska arbetet.

Det tillhör också familjens pedagogiska "system", att utvärderingsfrågorna, i den mån man kan tala om sådana, på ett självklart sätt är processorienterade kring den enskilde individen. (Mer om detta i avsnittet om utvärdering). På något sätt känns produkttänkandet främmande i denna miljö. Som något självklart handlar det här om den totala livsprocessen, där omgivningen och miljön som helhet får utgöra det pedagogiska programmet. Vuxengenerationens förväntningar om barnens "positiva" utveckling riktar sig därför ganska självklart till närmiljön och i första hand till föräldrarna och hemmet, där så mycket av barnens framtid avgörs.

I praktiken pågår det förmodligen till vardags en ständig reflektion kring det som händer med barnet, barnets reaktioner på sin omgivning och omgivningens uppfattning av barnet. Denna reflektion står – spontant eller medvetet – i relation till de förhoppningar och intentioner man har som förälder i förhållande till barnet. I den meningen kan man tala om en målrelaterad utvärdering av lärande- och fostranprocessen också i familjen.

Inom den pedagogiska forskningen kring barn i tidig ålder kan för svenskt vidkommande nämnas projektet *Barn och livsfrågor* (BaLi). Det syftade till att klarlägga förskole- och lågstadiebarns förutsättningar att förstå och handskas med livsåskådningsfrågor. Projektet studerade några av de faktorer som gör sig gällande i en tänkt undervisningsprocess. Däremot ingick det inte i projektet att behandla undervisningens målsättning eller principerna för det innehållsliga urvalet annat än i didaktisk–metodisk mening (Dahlberg & Hartman & Pettersson 1977).

Det norska SOFU-projektet, *Småbarns oppdragelsemiljö. En familjepedagogisk undersøkelse,* lägger huvudvikten vid att studera föräldrarnas intentioner med sin fostran. Denna ansats i målsättningsfrågorna kan – som framgår av projektnamnet – uppfattats som ett bidrag till att belysa en av de grundläggande förutsättningarna för barns pedagogiska miljö.

Undersökningen bygger på intervjuer med 257 småbarnsmödrar i Oslo-regionen. Intervjupersonerna utgjordes av ett slumpmässigt urval av mammor till barn födda hösten 1971. Intervjuerna ägde rum hösten 1975. Undersökningen var inriktade på tre huvudsakliga problemställningar:

- Hvordan oppfatter foreldrene sin egen oppdragelses oppgave?

- Hvordan vurderer foreldrene sin oppdragelseoppgave i forhold til andre oppdragelseinstanser og miljøfaktorer (f eks barnehage, skole, kirke, massmedia, kamerater)?

- Hvilken sammenheng er det mellom foreldrenes oppdragelsesintensjoner og deres vurdering av ulike miljøfaktorer (f eks boligforhold, økonomi, lekemuligheter og aktivitetstilbud i lokalmiljøet)?

Frågeschemat syftar till att ge en bild både av föräldrarnas intentioner och vad som i praktiken sker med deras barn. Forskarna i projektet kan exempelvis beskriva familjen som ett "filter", genom vilket barnens intryck från den omgivande miljön sorteras mer eller mindre framgångsrikt.

Den religionspedagogiska forskningens intresse för familjen har tagit sin ansats från olika utgångspunkter. En sådan har varit att undersöka förhållandet mellan kyrkans dopundervisning och föräldrarnas intentioner och familjepedagogiska praktik. Det kan motiveras av att kyrkans och skolans arbete aldrig kan isoleras från barnens totala livsmiljö. Alltså blir det av stort intresse att studera barnens hemförhållanden och allmänna uppväxtmiljö.

Det är välkänt att sådant som händer i den tidiga barndomen har en avgörande betydelse för den kommande utvecklingen också i religiöst avseende och i både positiv och negativ mening. Ett viktigt bidrag till att belysa detta har getts av religionspsykologen Hjalmar Sundén i hans fortfarande läsvärda bok från 1970, *Barn och religion.*

Slutligen vill jag fästa uppmärksamheten på familjen som social institution med dess växlande betydelse för olika åldrar – inte bara barnen och föräldrarna. Familjens ställning och form genomgår för övrigt en ständig förändring liksom dess relation till andra institutioner i samhället. Vad innebär detta för exempelvis kyrkans undervisning och fostran? Hur formas en undervisning som tar hänsyn till alla de skiftande förhållanden som dagens familjesituation innebär?

3. Lärande, undervisning och fostran
i kyrkor och samfund

Jag använder mig här av ett dokument med några år på nacken med anledning av att det är ett ovanligt väl genomarbetat förslag till målstyrd undervisning i en kyrklig kontext. Det handlar om den finska lutherska kyrkans "totalplan för fostran" från 1977. Dokumentet är resultatet av ett omfattande utredningsarbete och beskrivs som en övergripande "totalplan" till grund för kyrkans undervisning inom olika arbetsområden. Några år senare presenterades också en utvärdering av församlingarnas användning av totalplanen (Rissanen 1989). Det kan ha sitt intresse att i några punkter visa på planens uppbyggnad och principiella grund.

Utgångspunkt och grund för kyrkans fostran ligger enligt "totalplanen" i kyrkans väsen och uppgift. För att precisera innebörden av dessa faktorer och framför allt deras pedagogiska konsekvenser genomfördes en omfattande teologisk "basutredning". Med hjälp av denna formulerades övergripande mål och principiella motiveringar för dessa. Som centrala innehållsliga utgångspunkter för det övergripande målet anges:

1   Kyrkans bekännelse

2   Frälsningen

3   Den kristna livstolkningen

4   Ansvarighet för att förverkliga Guds vilja

Det övergripande målet för kyrkans fostran kunde därmed formuleras på följande sätt: Kyrkans fostran syftar till

- att hjälpa människan att tro på den treenige Guden, som har uppenbarat sig särskilt i Jesus Kristus, och

- att integrera denna tro i livet, så att hon i alla livssituationer kan uppleva Guds närhet samt

- att identifiera sig med och medverka till att förverkliga Guds vilja.

Detta övergripande mål har sedan brutits ned i 13 huvudmål, samlade i sex så kallade huvudmålområden. Till huvudmålen knyts åldersanpassande "inlärningsmål" med mera specificerat innehåll. På denna nivå kommer utredningsarbetets sociologiska, psykologiska och pedagogiska "basutredningar" till hjälp. Dessa ger också underlag för utformningen av ett "system" för kyrkans fostran, dvs arbetsformer och organisationsstrukturer (Kyrkans totalplan 1976).

Det finska exemplet visar, hur ett omfattande pedagogiskt program utvecklats med stöd av bidrag från en rad vetenskapliga discipliner. De grundligt genomarbetade målsättningarna med tillhörande kommentarer möjliggör också en meningsfull utvärdering och en fortlöpande analys av olika typer av undervisningsprocesser, som utvecklats med "totalplanen" som vägledning.

Som typ representerade denna plan den form av detaljerad målstyrning som utvecklades på flera håll i västvärlden på 1960 och -70-talen. Bakom denna form av planer låg en önskan att forma en tydlig, effektiv och kontrollerbar undervisning. Ganska snart skulle denna detaljerade målstyrning bli omdiskuterad. Tungt vägande invändningar var det bristande utrymme som gavs för kunskap som deltagarna själva skapar under processens gång men också de begränsningar programmet innebar för en lokal anpassning.

Ett svenskt forskningsprojekt med en närmast motsatt inriktning utgjorde en av Paulo Freire inspirerat utbildning. Det genomfördes vid mitten av 70-talet i anknytning till ledarutbildningen inom Svenska Missionsförbundets Ungdom (SMU). Det beskrevs, utvärderades och publicerades i en pedagogisk avhandling av Jan Erik Perneman (1977). Utbildningsprogrammet omfattade de vanliga momenten i ett religionspedagogiskt utbildningsprogram och baserades på ett väl definierat principprogram i anslutning till Paulo Freires befrielsepedagogik. Projektbeskrivningen ägnar stort utrymme åt att förklara och "sälja in" den valda grundsynen till deltagarna för att ge dem de nödvändiga förutsättningarna för att bli subjekt i sitt eget lärande – en grundläggande princip för den valda pedagogiska mo-

41

dellen. Den specifikt teologiska reflektionen intar däremot en mera undanskymd plats. Möjligen på grund av att intresset eller förståelsen för behovet av att anlägga en sådan teologisk teoribas inte prioriterades. Ett annat skäl kan vara att Perneman genomförde sin undersökning som en pedagogisk avhandling. Min personliga uppfattning är att det för sin tid ganska radikala och dessutom i viss mån omdiskuterade projekt på ett avgörande sätt bidragit till en bred förankring av de centrala tankarna bakom den befrielsepedagogiska pedagogiken. Till detta bidrog förmodligen det stora intresse Freires pedagogiska tankar möttes av runt om i världen, bland annat inom FN:s utbildningsorgan Unesco och Kyrkornas världsråd, som under några år engagerade honom inom sitt pedagogiska utvecklingsarbete runt om i världen.

Utbildningsprogrammets allmänna inriktning hade fastlagts av den berörda organisationen (SMU) genom ett beslut vid dess riksmöte 1974, där bland annat synen på begreppen "ledare" och "utbildning" klargörs.

Riksmötet beslöt:

att ledarutbildningen i sin utformning bör utgå från ledarens situation

• att med ledarutbildning mena de aktiviteter som syftar till att utveckla ledaren och gruppens arbete genom

• att göra ledaren alltmer medveten om vad det innebär att vara kristen ledare,

• att hjälpa ledaren att lära sig att kontinuerligt skapa kunskap genom att kritiskt pröva och värdera egna och andras erfarenheter...

Utbildningsprogrammet fick därmed till uppgift att utveckla SMU-ledarnas "medvetenhet" – ett av nyckelbegreppen i Freires pedagogik – på det sätt som angavs i riksmötesbeslutet. Pernemans forskningsprojekt genomfördes parallellt med och som en integrerad del av utbildningsprogrammet. I projektet ingick 450 lokala utbildningsledare och av dem studerades 29 mera ingående. Deltagarna genomgick olika typer av utbildningsprogram, vanligen med inslag av internatkurser på en vecka.

Utifrån den av Paulo Freire inspirerade uppfattningen, att en utbildning också skulle innefatta utvecklingen av ett forskningsprogram, studerades och dokumenterades ledarnas erfarenheter och synpunkter både före, under och efter programmet. Analysen av ledarnas problem och frågeställningar utgjorde i själva verket basen för innehåll och uppläggning. Innehåll och metod bestämdes utifrån intentionen att hjälpa ledaren till medvetenhet om sin situation och sina egna resurser i samspelet med dem de skulle vara ledare för.

Reaktionerna systematiserades och analyserades med utgångspunkt från en beskrivning av olika medvetandeformer (förhållningssätt) och medvetandestrukturer (grundsyner). Med hjälp av dessa kategorier kunde ledarnas inställning före respektive efter utbildningsprogrammet beskrivas och jämföras. Allmänt sett konstaterar man att förändringar – om än rätt begränsade – skett i enlighet med utbildningsprogrammets intentioner, den "frigörande medvetandereformen" (Perneman 1977).

Kyrkornas pedagogiska verksamhet har studerats i åtskilliga större och mindre undersökningar. Dit kan räknas en rad historiska studier om kyrkans dopundervisning, konfirmandundervisningen, medarbetarutbildning osv. Vanligen har dessa tillkommit i samband med att situationen för den kristna undervisningen upplevts som krisartad, exempelvis när inriktningen på skolans undervisning alltmer avlägsnat sig från funktionen som kyrklig dopundervisning (jfr Brattgård 1970). I andra fall har studierna utförts som ett svar på upplevelsen av samhällets fortgående sekularisering och önskemål om att utveckla förkunnelsen till att bättre svara mot de nya förutsättningarna. Här följer ett par exempel.

Inför prästmötet i ärkestiftet 1980 presenterade Bengt Wadensjö en undersökning om synen på konfirmandundervisningen hos stiftets präster vid slutet av 1970-talet (Wadensjö 1980). Avhandlingen bygger på en enkät till samtliga präster i aktiv tjänst stiftet. Frågor som dessa präster fick besvara gällde målsättningen, olika typer av personliga kvaliteter, konfirmationens teologiska och religiösa innehåll, konfirmandernas och hemmens attityder, de yttre formerna för arbetet, uppföljningen efter konfirmationen med mera.

Wadensjö konstaterade, att huvuddelen av stiftets präster såg positivt på konfirmandarbetet och tillmätte det stor betydelse samtidigt som de upplevde en besvärande otillräcklighet inför uppgiften.

De uppgav att de mötte stor välvilja från föräldrar och ungdomar och förväntningarna från dessa tycktes i överraskande hög grad vara religiöst motiverade. Wadensjö konstaterade vidare, att det förelåg en positiv inställning till en tidigarelagd kommunion och att synen på konfirmationen som en admissionsakt med funktionen att ge tillträde till nattvarden var på väg att överges.

Wadensjös undersökning gällde en av Svenska kyrkans centrala undervisningsprogram och detta analyserades i ett övergripande perspektiv och genom i första hand prästernas ögon. Valet av frågor och undersökningsinstrument gjorde det möjligt att belysa målsättning och en rad processorienterade aspekter. Däremot var inte undersökningen upplagd för att ge svar på frågan om vad konfirmanderna själva ansåg sig få ut av undervisningen. I den mån man kan tala om en utvärdering av konfirmandundervisningen var denna alltså begränsad till att ge en bild av hur prästerna uppfattade denna ur sitt perspektiv och den undervisning de själva varit en del av.

Prästernas syn på konfirmandundervisningen relaterades till den vid undersökningstillfället gällande *Läroplan för Svenska kyrkans konfirmandundervisning* från 1968 och till de närmaste årens debatt. Mot den bakgrunden får vi också en uppfattning om hur prästerna såg på planens anvisningar om innehåll och arbetsformer. Wadensjös undersökning erbjuder intressanta möjligheter till uppföljning och fördjupning. På detta område finns också flera bidrag från senare tid både för svensk del och internationellt. En förteckning över nyare litteratur med anknytning till konfirmationen finns under avsnittet "Litteratur" på min hemsida www.foersamlingspedagogik.one

Under många år har kyrkorna bedrivit ett omfattande pedagogiskt planeringsarbete. Det gäller både för svensk del och runt om i världen. Kring framför allt barnarbetet förekommer ett brett ekumeniskt samarbete kring materialproduktion. Fleråriga projekt kring konfirmandarbetet har nyligen avslutats inom både Svenska Missionsförbundet och Svenska kyrkan. Slutrapporten från projektgruppen inom Svenska kyrkan, "Konfirmand 1990", med tillhörande dokumentation utgör ett viktigt material för fortsatt bearbetning. Kännetecknande för de senaste årens arbete är de växande kunskaper forskningen och debatten bidragit med om lärandet som en livslång process.

Detta bekräftas exempelvis av det tema som togs upp i prästmötesavhandlingen för Strängnäs stift 1980 (Ellwyn m fl), där församlingen beskrivs som en "växtplats". Den församlingspedagogiska ansats som då togs har under senare år fått en fortsättning med särskild tonvikt på dopuppföljningen. En dokumentation av situationen på lokal nivå och en analys av denna har genomförts inom ramen den religionspedagogiska utbildningen och forskningen vid den teologiska institutionen i Lund (Sjölin/Thaning 1991).

En sammanställning av teologisk utbildning för lekmän inom den anglikanska kyrkan visar på ett imponerande kursutbud och ett stort intresse från många deltagare. Utbildningarna varierar mellan ganska avancerad träning för lekmannapredikanter till kortare kurser för sådana som vill fördjupa sina kunskaper om kristen tro (Hendy 1990). Exempel på denna typ av aktiviteter kan påträffas inom de flesta större kyrkor idag och ger en signal om det växande intresset för och behovet av att stärka det lokala kyrkliga arbetet.

Didaktik der Predigt (1975) är inte någon egentlig forskningsrapport utan en samling utkast och diskussionsinlägg till hjälp vid utbildningen av präster i tidigare Västtyskland. Flera av bidragen innehåller exempel på innehållsanalyser, pedagogiskt inriktade struktureringar och begrepp som kan underlätta ett systematiskt-pedagogiskt arbete med förkunnelsens form och innehåll.

Predikan brukar vanligen hänföras till homiletiken. Går man till detta fackområdes litteratur finner man också några exempel på undersökningar av predikans pedagogiska funktion. Historiskt har denna aspekt tillskrivits en mycket central roll med tendenser till en "pedagogisering" på bekostnad av andra aspekter på en predikan. Om man bortser från detta tillhör det predikans nödvändiga förutsättningar att leva upp till elementära pedagogiska krav. Det finns därför goda skäl att också på detta område ställa de pedagogiska frågorna om grundsyn, mål och syfte, process och kanske också i någon mening om utvärderingen genom att studera vad deltagarna fick ut av predikan och kanske också av gudstjänsten som helhet.

Debatten på detta tema är omfattande men de vetenskapliga undersökningarna relativt få. Till större delen hänvisas studerande till handledningar om predikans uppbyggnad, dess teologiska funktion osv samt till läsning av framstående förkunnare. Just den sistnämnda aspekten aktualiserar en intressant pedagogisk forskningsuppgift, nämligen vad det kan vara för faktorer som gör att vissa förkunnare mer än andra inte bara lyckas fånga publikens uppmärksamhet utan också att de tycks ha en särskild förmåga att nå fram med sitt budskap så att det tas emot och leder till ett förändrat liv.

I samband med min forskning om religion i radio och TV har jag tagit starkt intryck av tankar hos Gerhard Maletzke (1963). Han har utvecklat en socialpsykologiskt baserad kommunikationsmodell, som mycket väl skulle kunna användas för att analysera predikan som en pedagogisk kommunikationsform. Mellan kommunikatören (i detta fall förkunnaren) och mottagaren (som kan vara kyrkobesökaren, radio/TV-lyssnaren/tittaren, läsaren av en predikan) finns ett medium, som både kommunikatör och mottagare står i en viss relation till. Sändare och medium kan upplevas som välbekant, förtroendeingivande eller distanserande. På liknande grunder kan budskapet i mediet till form och innehåll upplevas mycket olika. Det kan exempelvis bero på mottagarens socialpsykologiska förutsättningar. Både mottagaren och kommunikatören har förväntningar och föreställningar i sin relation till "motparten". Likaså påverkas de av att vara insatta i ett socialt nätverk, där de påtagit sig, respektive pålagts vissa roller som "sändare" och "mottagare". Nätverken av de många faktorer som påverkar kommunikationen utgör i verkligheten ett mycket komplext system, som det finns all anledning att studera också som pedagogiska processer inom sina respektive former av kommunikation.

Som pedagogiskt problem kan predikan som kommunikationsform aldrig reduceras till enbart att tolka en text. En illustration på detta är prästmöteshandlingen för Linköpings stift, *Att predika idag* (1973). Predikans komplicerade situation belyses genom en jämförelse mellan inspelade predikningar och människors förväntningar på kyrkans förkunnelse. Vidare diskuteras en rad problem som hänger samman med mottagarens allmänna situation ("människan i världen"), budskapets form, exempelvis ifråga om stildrag, ordval, meningsbyggnad osv. Slutligen tar författarna i ett särskilt avsnitt upp några speciella pedagogiska synpunkter på predikan.

Det finns all anledning att gå vidare med religionspedagogisk forskning kring predikan insatt i dess liturgiska ram. Inte minst nyare sociala medier för kommunikation utgör här en utmaning för forskningen. Oberoende av om forskningsansatsen ligger i ett kyrkligt intresse eller ej finns det anledning att rikta uppmärksamheten både mot den kyrkliga förkunnelsen specifikt men också mot frågor som rör mänsklig kommunikation generellt. För den som vill gå vidare här finns – främst i internationell litteratur – en rad uppslag och mängder av olösta uppgifter.

Andra områden med religionspedagogisk relevans måste av utrymmesskäl förbigås. Då jag utgår från att den pedagogiska processen bör omfatta hela människan med alla hennes sinnesorgan finns det anledning att som exempel ändå nämna några av de många pedagogiska aspekter som hör samman med sådana områden som arkitektur, drama, konst, liturgi, litteratur, musik och symbolspråk.

Den vid kyrkomötet inom Svenska kyrkan 1984 inrättade *Nämnden för undervisning och utbildning* – liksom motsvarande och senare organ inom kyrkor och samfund – utgör ett betydelsefullt samarbetsorgan för religionspedagogisk forskning inom den kyrkliga undervisningens och fostrans område i dess helhet. Också internationella kyrkliga organ såsom *Kyrkornas världsråd* (KVR) och enskilda konfessionella gemenskaper bedriver ett omfattande pedagogiskt arbete som ger viktiga impulser över nationsgränserna till förnyelse av kyrkornas pedagogiska verksamhet. I övrigt hänvisar jag till min senaste bok med titeln Församlingspedagogik (2018).

4. Lärande, undervisning och fostran i skolan

Skolans religionsundervisning har både i svensk och internationell forskning behandlats i flera historiska arbeten. I sin systematisk-teologiska doktorsavhandling behandlar exempelvis Ivar Asheim (1961) förhållandet mellan teologi och pedagogik hos Luther. Skolans och samhällets sekularisering och dess konsekvenser för religionsundervisningen har undersökts av bland andra Tegborg (1969), Algotsson (1975) och Selander (1982).

Liksom när det gällde de historiska studierna av den kyrkliga undervisningen finner vi här exempel på en ofta tvärvetenskaplig och systeminriktad forskning. Denna belyser bland annat de allmänpolitiska (respektive kyrkliga) förutsättningarna för religionsundervisningen och den ställning ämnet med hänsyn till detta har eller haft vid olika tidpunkter. Bland de ovan nämnda forskarna har framför allt Sven-Åke Selander visat på betydelsen av dessa yttre förutsättningar för ämnets inriktning och innehållsliga uppbyggnad, dvs specifikt religionspedagogiska frågeställningar.

Rune Larsson (1980) visar i sin avhandling om målsättningen i västtyska läroplaner för religionsundervisningen under åren 1945 till 1976 på en snabb och genomgripande förändring av undervisningens uttalade intentioner. Den under de första efterkrigsåren starkt kyrkliga och förkunnelseinriktade undervisningen förändrades i grunden till en undervisning, baserad på skolans allmänna uppdrag. I de flesta delstaterna skedde det vanligen via en övergångsfas av hermeneutiskt inriktad traditions- och bibelutläggning som mot slutet av 1960-talet övergick till en så kallat "behovsorienterad" undervisning som tog sin utgångspunkt i vad man uppfattade som tänkta behov eller förutsättningar hos eleven och samhället men också krav som ställdes från ämnesvetenskapen. Med varierande intensitet genomfördes denna övergång från fokus på att förmedla en nedärvd religiös tradition till det uppväxande släktet till det som med varierande benämningar uppfattades som "behov". Ungefär på samma sätt som i Sverige eftersträvades en undervisning som skulle rusta eleverna till att bli fungerande samhällsmedborgare.

Selanders historiska analys (1982) har – särskilt i undersökningens andra avdelning – kombinerat frågorna kring målsättning och undervisningsinnehåll och därvid kunnat studera ett väsentligt led i försöken att genomföra undervisningens intentioner. Samtidigt med en undersökning av förhållandet mellan mål och läroboksinnehåll genomför författaren en analys av den innehållsliga bredden i de mål som uppställts i läromedlen. Med sitt omfattande analysinstrument lyckas författaren sätta in religionsundervisningen i ett helhetsperspektiv på människan. Selander visar hur förskjutningar i de grundläggande perspektiv som valts också får konsekvenser för synen på människan i undervisningen.

För den teologiska forskningen utgör läroplansutvecklingen för den offentliga skolan en stor utmaning. Frågor som ännu väntar på en grundläggande teologisk undersökning gäller exempelvis människosynen i skolan (se dock Selander 1982 samt artiklar av Hartman 1981 och Rodhe 1977). Andra områden som behöver uppmärksammas gäller kunskapssynen och därmed sammanhängande problem, urvalskriterier för innehåll och arbetsformer med hänsyn till deltagarnas tidigare kunskaper och erfarenheter.

"Skolan skall fostra" heter det i grundskolans läroplan, Lgr 80, kanske som en reaktion 60-talets något valhänta försök till "objektiv"

49

undervisning. Fostrat har skolan förmodligen alltid haft för avsikt att göra i någon form. Däremot ansåg tydligen inte majoriteten av 1960-talets svenska skolpolitiker, att den personliga fostran tillhörde skolans centrala uppgifter. Den uppguften hänvisades i stället till privatlivets område, ett synsätt som också kom att prägla Lgr 69. Det skulle inte dröja länge innan denna skolpolitiska abdikation från en av skolans centrala uppgifter blev ifrågasatt även om det kan vara svårt att med säkerhet peka på att fostrans försvagade ställning i skolan hade satt några tydliga spår i samhället, om man inte hänvisar till samhällets fortsatta sekularisering. Hur som helst blev tanken om möjligheten till en objektiv undervisning snart ifrågasatt och omdebatterad. Inte minst gällde det ämnen som religionskunskap och samhällskunskap, de ämnen frågan i första hand gällt (Nilsson 1968).

Förmodligen hörde den påtagliga osäkerhet inför skolans fostrande uppgift samman med den fasväxling samhället genomgick i fråga om utgångspunkterna för fostran. Den traditionella förbindelsen mellan kristendomsundervisning och fostran sökte en ny förankring i skolans värderingsladdade grundsyn, organisation och sätt att arbeta som helhet (Marton 1986, s 60).

Frågorna om personlighetsutveckling och etisk fostran fördes emellertid åter in i debattens centrum under 1970-talet. Signalerna blev åter tydliga om att det ingick i den allmänna skolans uppgift att fostra. Problemen kvarstod ändå om hur detta konkret skulle gå till, under vilka förutsättningar och – inte minst – med vilket innehåll och inriktning arbetet skulle bedrivas. Det sistnämnda är inte minst viktigt, därför att fostran mycket snabbt kommer att aktualisera problemen om individens integritet, förhållandet mellan den enskildes normer i sin sociala miljö och de normer som skolan i ett demokratiskt samhälle kan och skall sanktionera – tillsammans med respekten för de ungas rätt att själva påverka och dela ansvaret för etikens personliga frågor. Litteraturen inom detta område är omfattande.

Anders Törnvall (1982) har i en pedagogisk avhandling studerat mellanstadielärares grundsyn och hur denna påverkar deras attityder till läroplanens (Lgr 69) mål och riktlinjer. Problemet har omedelbar relevans för religionspedagogiken inom alla dess områden. Lärare och ungdomsledare spelar alltid en viktig roll, då det gäller att i det praktiska arbetet förverkliga pedagogiska målsättningar. Särskilt viktigt blir detta när tonvikten ligger på förmedling av värderingar. Vilken beredskap har då lärarna att ställa upp på skolans värderingar? Inte särskilt överraskande finner Törnvall starkt varierande lärarattityder till läroplanens intentioner. Ett av problemen ligger i en utbredd känsla av osäkerhet inför möjligheten att uppnå i och för sig eftersträvansvärda mål. Den personliga fostran ligger ju på ett annat plan än sådant som handlar om mätbara ämneskunskaper.

Törnvall ställer lärarnas "allmänna grundsyn" mot bland annat läroplanens människosyn och samhällssyn. Under samlingsbegreppet "pedagogisk grundsyn" jämförs föräldrasyn, lärarsyn, läroplanssyn, kunskapssyn, skolsyn och solidaritetssyn. Han konstaterar, att lärarna ofta befinner sig i "ett spänningsfält som begränsas av två poler, vilka kan benämnas ideologi och yrkeskod" (187).

"Ideologikoden" (livsåskådningen) utgör, när den är stark, en drivkraft i riktning mot att förverkliga de visionära målen, där strävan efter exempelvis jämlikhet och solidaritet spelar en viktig roll i förening med ett djupt personligt engagemang för eleven. "Yrkeskoden" används som beteckning för ett handlingsmönster som bestäms av en mera traditionell och saklig hållning till rollen att förmedla kunskaper. Törnvall pekar på tendenser hos lärare, främst med svagt utvecklad "ideologikod", att i stressade situationer så att säga retirera in i ett handlingsmönster som bestäms av den till synes mera neutrala yrkeskoden.

Vid sidan om ideologi- och yrkeskod diskuterar också Törnvall en "tjänstemannakod", varmed avses sådant som uppfattas som ett "yttre tryck från arbetsgivare och skolmyndigheter", som visar sig i anvisningar för läraren och förväntningar på denne att uppfylla olika plikter i rollen som tjänsteman (190). Utvecklingen på skolans område har emellertid alltmer försvagat tjänstemannakodens roll som hand-

51

lingsmönster för läraren, varför alternativet vid stress också i dessa avseenden gärna faller tillbaka på "yrkeskoden". Som forskningstema har den diskussion Törnvall för inte endast relevans för skolan utan kan också med fördel tillämpas på familjens, kyrkans och massmedias område. Törnvall har senare publicerat ytterligare en undersökning, där han använt sig av och sammanställt 1980-talets forskning kring skolans fostrande uppgift (1988).

Temat moral har också behandlats i *Årsbok för Föreningen Lärare i religionskunskap* (1981) under problemställningen "Samhälle – moral – människosyn". Den inte alltid lika självklara frågan om skolans fostrande uppgift tas upp till principiell prövning liksom en rad aspekter med inriktning på den moraliska fostrans innehåll och möjligheter. Liknande debattinlägg återfinns vid samma tid också i religionslärarnas tidning, *Religion och livsfrågor*, liksom i internationella tidskrifter som den amerikanska *Religious Education,* den norska tidskriften *Prismet* och den tyska *Der Evangelische Erziehung*.

Kurt Bergling har i boken *Moralutveckling* (1982) behandlat utvecklingen av det moraliska tänkandet från barndomen till vuxen ålder, i första hand i form av en kritisk granskning av Lawrence Kohlbergs teorier på samma ämne. Med stöd av en omfattande internationell utvecklingspsykologisk forskning redovisar både Bergling och Kohlberg några väsentliga drag i moralutvecklingen hos framför allt barn och unga, en översikt och analys som ger god vägledning för arbetet med moralisk fostran i hem och skola. Kohlbergs till en början ganska anspråksfulla syn på sina teoriers allmängiltighet har också av andra forskare mötts av stark kritik. Särskilt kan nämnas Carol Gilligan (1982), som bland annat ur ett feministiskt perspektiv ifrågasätter Kohlbergs ensidigt manliga perspektiv.

I sin behandling av samma tema sätter Karl Ernst Nipkow (1981) in frågorna om den moraliska fostran i ett kritiskt teoretiskt och teologiskt perspektiv. Därmed ges också impulser till fortsatt reflektion om innehåll och allmänna förutsättningar för en religiöst motiverad etisk fostran.

Med anledning av att så många efterlyser behovet av barnens fostran ställer Nipkow i en av sina skrifter den tänkvärda frågan: "Vem eller vilka är det som skall fostras? Kanske är det lika mycket en fråga som borde ställas till oss vuxna?"

Reformer föds ur kriser

Upplevelsen av en skola och en religionsundervisning i kris, har ofta varit utgångspunkt för en omfattande debatt om behovet av reformer. Striden har inte sällan stått mellan sådana som vill bevara eller återerövra arvet från det förflutna och dem som med hänvisning till en förändrad situation vill förändra, reformera och skapa något nytt. Både här hemma och internationellt drabbades skolan och kanske särskilt skolans religionsundervisning av en djup kris omkring sekelskiftet 1900. Frågan hängde i de flesta fall nära samman med förändringar i förhållandet mellan kyrka och stat, bland annat på grund av att den successiva upplösningen av ett nära samband mellan skola, kyrka och kristendomsundervisning. Till detta kom växande krav från den pedagogiska professionen och en ny politisk karta där konservativa krafter trängdes tillbaka av liberala reformer med stöd av en framväxande socialdemokrati.

Reformer med inriktning mot en tydligare åtskillnad mellan kyrka och stat och i samband därmed en sekulär skola fick i detta skede avgörande konsekvenser också för religionsundervisningen. Den svenska lösningen med en religionsundervisning utan direkt beroende av någon enskild kyrka introducerades i princip med 1919 års skolreform för grundskolans del. Denna ordning har sedan fullföljts i sina konsekvenser bland annat genom att Svenska kyrkan steg för steg fick lämna inflytandet över skolans ledning samtidigt som den byggde upp sin egen undervisning (Larsson 2018).

Med 1960-talets skolreformer bekräftades denna utveckling genom att "kristendomsundervisningen" bytte namn till "religionsundervisning" som snart förändras till "religionskunskap", kanske som en markering av att det nu skulle handla om "objektiva" kunskaper. Stegvis breddades också innehållet genom att kristendomsstoffet fick ge plats för andra religioner och livsåskådningar.

1960-talet präglades av en ny, internationellt förgrenad kris för skolan som helhet, inte endast för dess religionsundervisning. Kännetecknande för denna kris var ifrågasättandet av tidigare traditionsförmedlande inriktning till förmån för en undervisning som skulle tillgodose samhällets och de ungas behov. För religionsundervisningens del blev detta en pådrivande faktor till betydande forskningsinsatser med syfte att ge underlag för kommande reformer.

Här finns det anledning att särskilt nämna de båda engelsmännen Loukes (1961) och Goldman (1964). Båda kan uppfattas som banbrytare, när det gäller empiriska undersökningar av elevers möte med skolans religionsundervisning. Deras arbete gav impulser för en reformerad undervisning och forskning långt utanför det egna landets gränser.

Ronald Goldman ville med sin studie, som omfattade 200 barn i åldern 6-17, undersöka förmågan att förstå och tillägna sig det bibliska material som av tradition intog en central plats i skolans läroplan och det samband som kunde finnas mellan denna förmåga och deras intellektuella mognad och religiösa tänkande. Resultatet visade att det var först vid ca 13 är som barnen visade sig ha den förmåga till abstrakt tänkande som en stor del av de bibliska texter som användes i undervisningen förutsatte.

Den som vill stifta närmare bekantskap med Goldmans religionspedagogik och dess betydelse också för de nordiska länderna religionsundervisning hänvisas till en rad initierade framställningar av den danske religionspedagogen Knud Eyvind Bugge.

Delvis i anslutning till Goldman genomfördes det svenska forskningsprojektet *Undervisningsmetodik – religionskunskap* (UMRe), under åren 1967-1973. Projektets övergripande syfte var att undersöka hur skolans målsättning om så kallad objektiv undervisning i ämnet religionskunskap skall kunna förverkligas på ett pedagogiskt lämpligt sätt på grundskolans mellanstadium. Projektet har avsatt en imponerande mängd rapporter, främst empiriska studier av religions-undervisningen men också en hel del analyser av annat slag. En god orientering och översikt ger Westling m fl (1973).

Samma år som UMRe-projektet avslutades inleddes ett nytt, *Barn och livsfrågor* (BaLi), med syfte att studera förskole- och lågstadie-barns förutsättningar att förstå och handskas med frågor på livså-skådningsområdet. Bakgrunden till detta projekt låg – förutom i erfa-renheterna från de nyss avslutade studierna – i det allmänna intresse som från början av 1970-talet riktades mot de yngre barnens lärande. Ett uttryck för detta var exempelvis barnstugeutredningens omfat-tande arbete och den mycket intensiva debatten om förskoleverk-samheten, som pågick vid denna tid (se exempelvis Dahlberg/ Hart-man/Pettersson 1977).

Ett tredje forskningsprojekt inleddes 1978 med beteckningen *Ut-vecklingen i barns omvärldsorientering och livsåskådning* (UBOL). De problem detta projekt arbetade med gällde de generella principer-na för innehåll och struktur i människors omvärldsorientering och livsåskådning. Därigenom ville man klarlägga de faktorer som på-verkade processen vid förvärvandet av en personlig livsåskådning (Hartman & Pettersson 1980).

Sedan slutet av 1960-talet har en mängd undersökningar genom-förts om barns och ungdomars intresse för religiösa och livsåskåd-ningsmässiga frågor. För svenskt vidkommande kan särskilt nämnas de av skolöverstyrelsen initierade undersökningarna *Tonåringen och livsfrågorna* (1969) och uppföljningsstudien tio år senare, *Tonåring-en och livet* (1979). Den likartade studien, *Gymnasieeleven och livs-frågorna* (1973), kompletterar bilden åldersmässigt. En något an-norlunda upplagd studie, *Tonåringen och kristendomen* (Marklund 1983), försöker i högre grad än de övriga ta reda på tonåringarnas kunskaper i och syn på den kristna traditionens innehåll.

Det har emellertid visat sig mera problematiskt än man kanske väntat sig att från en inventering av elevernas så kallade livsfrågor gå vidare till konstruktionen av en läroplan. Också i de fall man försökt bredda analysen av elevens behov av orientering och stöd i sin utveckling av en personlig livshållning, har man varit tvungen att lämna åtskilliga problem olösta vid "översättningen" till en undervisningsplan. Den västtyska läroplansdebatten ger många exempel på detta både med avseende på skolan som helhet och religionsundervisningen med dess särskilda förutsättningar i synnerhet. Som exempelvis på detta kan nämnas Hesse/Manz (1972) och Baldermann/Kittel (1975).

För övrigt finns det anledning att påpeka, att förhållandet mellan de så kallade "livsfrågorna" eller "elevens frågor" och den religiösa traditionen aldrig klarlagts på ett övertygande sätt. Problemet handlar ytterst om hur elevernas egen livserfarenhet och det religiösa kulturarvet skall balanseras och förbindas med varandra. Frågor som ställts i debatten är också om religionerna, i detta fall den kristna ser som sin uppgift att besvara den typ av "livsfrågor" vi talar om. Hur som helst har bristen på principer för en övergripande innehållslig strukturering skapat osäkerhet.

Ett annat problem hör samman med att sammanlänkningen mellan skolans olika stadier ofta varit otydlig och att skolans religionsundervisning i sin helhet blivit svår att överblicka. Från senare tid föreligger ett viktigt bidrag till en kritisk diskussion kring dessa frågor i Caroline Gustavssons doktorsavhandling, *Existentiella konfigurationer* (2013).

Det finns ett stort behov av en religionspedagogisk forskning, som sätter in religionsundervisningen i en helhetssyn, som tar hänsyn både till den enskilde eleven, till den religiösa och livsåskådningsmässiga traditionen och till samhällets/skolans intressen. Här vill jag också uppmuntra alla som arbetar med lärande och undervisning på gräsrotsnivå att för egen del bedriva en slags forskning i form av kritisk reflektion kring det egna arbetet. Den akademiska forskningen kan ge sitt stöd till praktikerna i denna vardagsnära forskning och genom sin egen kritiska analys av grund- respektive gymnasieskolans mål, riktlinjer och kursplaner, exempelvis med inriktning på den inre logiken inom och mellan skolans skilda nivåer. För grundskolans del framstår just nu uppföljningsstudier av de samhällsorienterande ämnena med särskild hänsyn till religionsundervisningens praxis som en synnerligen angelägen forskningsuppgift.

Den stora uppmärksamhet som på senare tid ägnats åt elevens egen erfarenhet har inte endast betydelse för val av målsättning och innehåll utan också för själva lärandeprocessen. Som medaktörer vid sidan om eleven finns lärarna, övrig skolpersonal och skilda former av material. Om man så vill, kan hela skolmiljön i samspel med det omgivande samhället betraktas som religionsundervisningens "arbetsmaterial" och därmed som dialogpartner i undervisningen. Den kommunikativa didaktiken tar upp några av de frågor som sammanhänger med detta sätt att beskriva pedagogikens praxis. Minns också Palmers ord i kapitlets inledning om lärarens uppgift att "tillsammans med (eleverna) skapa ett sammanhang, i vilket vi alla kan ge och ta kunskap".

Horst-Martin Barnikol (1983) ger en kort introduktion till den betydelse en sådan kommunikativ didaktik kan ha för religionsundervisningen. Det är ingen nyhet, att läromedel och innehåll i betydelsen av ett givet lärostoff endast i begränsad utsträckning avgör, vad eleverna faktiskt lär sig i skolan. Utöver en sådan snävt avgränsad innehållslig dimension kommer också en mera omfattande och relationsorienterad dimension, som kommer till uttryck i olika former av sociala interaktioner.

Det dynamiska samspelet i lärandeprocessen och därmed också kring elevens utveckling bestäms kanske i lika hög grad av lärarpersonligheten och klassrumsatmosfären som av yttre, lätt mätbara faktorer. De budskap och den kunskap som deltagarna tar till sig i klassrummet färgas hela tiden av relationen mellan samspelande aktörer. Religionsundervisningens innehållsliga område har ofta en sådan karaktär, att det finns särskild anledning att observera just dessa former av aspekt.

Till religionspedagogikens område hör – som jag tidigare påpekat – också den högre teologiska/religionsvetenskapliga utbildningen, som bland annat vänder sig till blivande lärare, präster, journalister m fl. Behovet av fortbildning och ibland också en mera omfattande vidareutbildning växer ständigt. Av särskild betydelse är den allt mer omfattande religiösa och kulturella pluralism som i dag präglar vårt land. Hur denna skall formas beträffande mål, innehåll och struktur är visserligen inte någon exklusiv religionspedagogisk fråga. Däremot inkluderar alltid utformningen av forskning och utvecklingsarbete alla delar som är av betydelse för en lärandeprocess och dess utvärdering. Här handlar det om ett pedagogiskt totalperspektiv på varje slag av undervisning och utbildning. Ett sådant arbete förutsätter samverkan mellan pedagogisk och teologisk/religionsvetenskaplig kompetens.

Behovet av religionspedagogisk forskning är omfattande. Det gäller på den akademiska nivån kring utbildning av lärare och kyrklig personal för att bygga upp nödvändig kompetens med avseende på förmågan att formulera och tolka målskrivningar, göra relevanta val av innehåll, genomföra utvärderingar i förhållande till uppsatta mål och mycket annat. Det kan också handla om beredskap och träning till kritisk reflektion i den yrkesmässiga vardagen efter genomförd utbildning. En angelägen uppgift kan vara att kontinuerligt följa upp, hur skolans personal med sin mycket skiftande grundutbildning och erfarenhet förmår hantera nya krav, exempelvis med avseende på intentionerna i gällande läroplaner.

5. Om lärande genom massmedia och sociala medier

Området massmedia och sociala medier har genomgått en fullständig revolution under senare år. För den som vill fördjupa sig i de pedagogiska konsekvenserna av denna utveckling hänvisar jag till annan litteratur. De vid det här laget historiska uppgifter jag redovisar i det följande kan enkelt kompletteras med ett antal sökningar på nätet (lista 2).

Lista 2. Massmediakonsumtionen 1982 bland befolkningen som helhet respektive åldersgruppen 15-24 år. (Efter Ivre, Massmedier i Sverige III, SR/PUB. Stockholm 1983)

	Minuter per individ och dag	
Medier	*Befolkn 9-79 år*	*Befolkn 15-24 år*
Läsmedier		
Morgontidning	21	13
Aftontidning	9	8
Veckotidning	7	6
Tidskrift	9	9
Böcker	21	27
Summa läsning	67	63
Ljudmedier		
Radio	107	85
Skivor	16	41
Kassetter	24	56
Summa lyssnande	147	182
Bildmedier		
TV	120	104
Film	1	2
Video	4	8
Summa tittande	125	114

Massmediekonsumtionen var vid början av 1980-talet ca 6 tim per dag för åldersgruppen 15-24 år och för genomsnittsbefolkningen (7-79 är) ungefär en halvtimme mindre. Enbart TV-tittandet tog omkring 2 tim. Morgontidningen fick nöja sig med en kvart eller något mer för befolkningen som helhet. Aktuell statistik över papperstid-

59

ningar och internet visar att den förstnämnda fortfarande har en stark ställning, särskilt om man ser till den tid som används.

Vilka konsekvenser har den massmediala konsumtionen för familjen, för den enskilde individen och för samhället i stort? Självklart påverkas också vårt sätt att umgås. Vi förses med gemensamma upplevelser och erhåller snabb – men därmed kanske också ytlig – information om mycket som händer runt hela jorden. Den explosion av information som skett under senare år har blivit en maktfaktor för enskilda opinionsbildare. En annan faktor av växande betydelse är behovet av träning till kritisk användning av medierna.

Även om de (religions-)pedagogiska frågorna inte ställs direkt föreligger ändå en hel del kunskap med relevans för de pedagogiska frågeställningarna, även om den kommit till med andra utgångspunkter. De exempel som valts skall därför närmast uppfattas som ett försök att väcka intresset för fördjupat arbete med de religionspedagogiska frågorna inom massmedieforskningen.

Forskarparet Conny och Marianne Svenning har studerat massmedieutbud och -användning bland ett antal villa- respektive höghusbarn i Malmö. I sin undersökning har de ställt massmedias pedagogiska funktion i centrum genom att orientera sin problemställning kring barns möte med den omgivande verkligheten. Författarna har använt sig av begreppen "förmedlad" värld respektive "direkt erfarenhetsvärld". De båda begreppen används som beteckningar för det enskilda barnets individuella erfarenhet. Till *arten* skiljer sig inte gruppen villabarns och höghusbarns massmediekonsumtion nämnvärt från varandra. Däremot visar sig en *kvantitativ skillnad* genom att de senare använder mer tid, framför allt när det gäller TV och serietidningar.

En intressant pedagogisk fråga med tanke på båda grupperna blir då, vad det innebär att den omgivande verkligheten i allt högre utsträckning tycks bli förmedlad via massmedier. De båda författarna sammanfattar sin studie på följande sätt: "Den förmedlade fostran innebär ... att verkligheten överförs genom andra människors försorg i stället för att barnet upplever den direkt." Den slutsats de drar av detta är att barnen därigenom erhåller "fragmentariserade och tillrättalagda bilder av verkligheten", som "försvårar en medveten syn på samhället och de mellanmänskliga relationerna" (Svenning & Svenning 1982).

Förmodligen har de båda forskarnas synpunkter fortfarande relevans efter snart 40 år – ja kanske i ännu högre grad i dag. Vilka frågor skulle deras slutsatser kunna väcka för den religionspedagogiske praktikern och forskaren i dag? Tills vidare kan det räcka med konstaterandet, att massmediernas "förmedlade" verklighetsbilder också innefattar material med relevans för religiösa, livsåskådningsmässiga och moraliska frågeställningar.

Kyrkorna har alltsedan Gutenbergs dagar i konkurrens eller samverkan med andra använt det tryckta ordet i syfte att förmedla sina verklighetsbilder. Vad allmänheten får del av beror på de journalistiska och kommersiella sållningsmekanismer som idag liksom i alla tider haft sina former för urval och kontroll. Också detta kan ha relevans för en religionspedagogisk reflektion.

Hur ser informationskanalerna ut och med vilka kriterier väljs innehåll och form för det som förmedlas? Det är ett ofrånkomligt faktum att kyrkorna direkt och indirekt medverkar som förmedlare av budskap. Det kan vara som förkunnare, parter i en dialog, som föremål för information och kritisk granskning osv. Kyrkornas pedagogiska roll i sådana situationer skiljer sig i stor utsträckning från vad som gällde inom tidigare diskuterade pedagogiska områden. Förmodligen är det också så att kyrkornas röster och de förställningar som förmedlas ofta framstår som osammanhängande inslag i "bruset" av andra röster och verklighetsbilder.

Massmedieområdet har sina särskilda spelregler. Också kyrkorna förväntas omfatta de allmänt vedertagna principerna om en fri debatt, journalistisk integritet, saklighet, allsidighet osv. Trots detta aktualiserar detta område mer än kanske något annat hot och möjligheter, som berör oss alla just genom dess stora betydelse som påverkande faktor. Den omfattande uppgiften, som också religionspedagogiken behöver ta på sig, gäller frågorna om hur ett önskvärt och möjligt massmediesamhälle skulle kunna se ut, utformas och upprätthållas. Inför de möjligheter och risker som framväxten av nya medier innebär har behovet av särskilda mediepedagogiska insatser blivit allt mera angelägna.

En central frågeställning för en teologiskt reflekterad mediepedagogik gäller själva grundfrågan om kyrkornas engagemang i massmedia över huvud taget och vilka val de skall. Här handlar frågorna om kyrkans identitet, dess människosyn och ansvar för människan, kyrkans roll i det offentliga livet och om medansvaret för massmediernas roll för humanitet och mellanmänskliga relationer.

Andra frågor gäller allmänhetens rättmätiga anspråk att få komma till tals i en bred samhällsdialog och möjligheten för kyrkor, organisationer och andra grupper att föra ut värderingar och ideologiskt bestämda budskap i offentligheten. Kyrkornas Världsråd talar i detta sammanhang exempelvis om kyrkornas pastorala, evangeliserande och profetiska uppgift, om att på en gång sprida den kristna tron men att samtidigt tydliggöra dess kritiska funktion i humanitetens tjänst, det som närmast hör hemma inom den profetiska uppgiften (WCC 1983).

Målsättningsfrågorna kan från religionspedagogisk utgångspunkt aktualiseras med avseende på kyrkornas traditionella eller nya engagemang i massmedier. Insatser som inte enbart ser till snävt avgränsade kyrkliga, exempelvis deras evangeliserande intressen utan också som ett uttryck för kyrkornas samhällsansvar, till exempel för utsatta människor i mediesamhället, förutsätter en fördjupad teologisk och pedagogisk reflektion om såväl motiv som medel. Samma sak gäller kyrkornas uppgifter som på en gång kritiskt reflekterande instanser utifrån sina värderingar, som fristående aktörer och samarbetspartners inom massmedieområdet.

Frågorna som kan ställas är många, både ur en allmän samhällskontext och ett kyrkligt eller personligt perspektiv. Här några exempel på frågor: Vad skall vi ha massmedierna till (som våra herrar eller som tjänare/redskap)? Vad får de lov att kosta i form av tid och pengar (en prioriteringsfråga)? Hur bevarar enskilda människor sin självständighet och integritet? eller med en något vidare formulering: Vad händer med människorna i massmediesamhället? Vad gör medierna med oss? Skall försöken till "svar" på denna typ av frågor bli konstruktiva bidrag i en öppen samhällsdialog förutsätter det ett grundläggande arbete med en mängd mediepolitiskt relevanta värderingsfrågor, där kyrkorna visar modet att ifrågasätta också sådant som ser ut att vara ofrånkomliga konsekvenser av den tekniska utvecklingen.

På liknande sätt som en målsättning för de traditionella pedagogiska verksamheterna bestäms också syftet (formulerat eller dolt) för medieverksamheten av de värderingar som gör sig gällande i anslutning till verksamheten. Sådana aspekter som människosyn, innehållsliga kriterier, form och liknande gör sig alltid gällande. En helhetssyn på kommunikationsprocessen i dess samhällskontext ställer kommunikatör, budskap, medium och mottagare (i bästa fall som medkommunikatörer eller samtalspartners) i blickfältet som ansvariga och med varandra interagerande och integrerade element i samhället.

Jag vill gärna beskriva det som en av religionspedagogikens mest angelägna uppgifter, att i ett teologiskt perspektiv analysera befintliga eller planerade massmediala aktiviteter med avseende på deras förutsättningar, syfte och tänkbara konsekvenser för enskilda människor och samhället i stort.

På motsvarande sätt anmäler sig en mängd forskningsuppgifter, som rör själva kommunikationsprocessen. Det kan gälla frågan om nyhetsförmedlingens bild av religion, så som den studerats av Larsson (1984 och i sammandrag i Larsson 2018) eller sättet att behandla frågor som hänger samman med fred och rättvisa, för att anknyta till aspekter som ett dokument från WCC (1983) lyfter fram. Andra uppgifter kan handla om mediebudskapens betydelseinnehåll för mottagarna, den religiösa programverksamhetens innehåll och utformning, arbetet med att utveckla ett fördjupat och mera mångdimensionellt religiöst språk och mycket annat.

Intresset att nå så stora grupper som möjligt kan komma i konflikt med budskapets kvalitativa aspekter. Detta gäller religiösa program likaväl som andra. Den teologiska analysen har ingen anledning att begränsa sig till det religiösa materialet men har kanske ett särskilt ansvar och den nödvändiga kompetensen för att studera detta. Forskningen på området är för svensk del hittills begränsad, vilket också kan sägas om de flesta andra länder i vårt grannskap. Det religionsvetenskapliga projektet kring programverksamheten i radio/TV, som pågick i Lund 1981-1984, ger vissa bidrag. En kort introduktion till detta lämnas i Larsson (1982) och Larsson 2018).

Amerikanen Peter Horsfield (1984) har i sin avhandling *Religious Television* visat, hur en dominerande evangelikal programverksamhet tycks ha tendenser till att passivisera sina tittare ifråga om andra former av religiös aktivitet. Deras TV-tittande, menar han, bidrar till en privatisering av religionen och en icke-kommunikativ hållning, som ytterligare förstärks av den ofta auktoritära förkunnelse och religionsuppfattning de får sig till livs. Något att reflektera över med tanke på att dessa program publikmässigt hävdar sig mycket väl i jämförelse med det mera traditionella religiösa utbudet. Knyter man samman Horsfields slutsatser med den diskussion som refererades tidigare om "direkt" och "förmedlad erfarenhet", anmäler sig en mängd frågeställningar inför möjliga effekter av exempelvis den religiösa programverksamheten i svensk närradio och olika kyrkors planer på en vidareutveckling av sitt massmediala engagemang.

Som exempel på en "utvärdering" av ett TV-program kan nämnas en mindre studie från IBA i Storbritannien. Under våren 1980 genomfördes en publikundersökning för att mäta reaktionerna på en serie TV-program med inlagt nattvardsfirande (IBA 1980). Rapporten refererar till ett något annorlunda utformat program i Sverige fyra år tidigare, där man uppmanat till "måltidsgemenskap därhemma". Detta moment ingick inte i IBA's sändningar, som i stället byggdes upp kring en liten grupp människor, som i programmet firade nattvard i enlighet med de deltagande kyrkornas ordning. Producenternas avsikt med programmet var att till tittarna förmedla en känsla av närhet och delaktighet i gudstjänsten.

Undersökningen visade på genomgående mycket positiva reaktioner. Hälften av de tillfrågade kände det som om de "var i kyrkan" och det stora flertalet förklarade, att själva nattvardsfirandet upplevdes positivt och att de inte kände sig utanför även om de inte var fysiskt närvarande. Gudstjänsten upplevdes som religiöst mycket positiv och många föredrog sändningen med nattvardsfirande framför det mera traditionellt utformade programmet "Morning Worship".

Inom det tidigare nämnda forskningsprojektet i Lund har också ett par publikundersökningar genomförts i anslutning till TV 1 och närradion. Thorleif Pettersson (1985 och 1986) har i sina undersökningar försökt skaffa sig en bild av det han kallade publikens "användning" av gudstjänster och sångprogram i TV. Resultatet ger honom anledning att starkt ifrågasätta kyrkliga ofta mycket optimistiska bedömningar av de religiösa programmens betydelse ur rekryteringssynpunkt. I likhet med Dahlgren (1984 och 1985), som inriktade sina undersökningar på närradiopubliken i Malmö, konstaterar Pettersson vidare, att programmen i första hand når de redan kyrksamma.

Pettersson ställer sig tveksam till tanken att de religiösa TV-programmen verkligen har samma *funktion* – eller en likartad funktion – som gudstjänsten eller sångandakten i den lokala kyrkan. Visserligen når TV-programmen en stor publik men många använder dem – i första hand sångprogrammen – förmodligen som *underhållning* snarare än som en form av religiös uppbyggelse, något som en del kyrkliga företrädare hade förväntat sig.

En skotsk undersökning av televisionens roll som religiös socialisationsfaktor genomfördes i slutet av 80-talet (Gibson 1990). I studien ingick 5.432 elever i åldern 11-15 år från katolska och icke-konfessionella skolor i Dundee. Harry M Gibson anser sig inte med säkerhet kunna fastställa om TV-tittandet av de religiösa programmen haft någon påverkan på ungdomarnas attityder till kristendomen. I det avseendet tycks föräldrar och samhällsklass spela en betydligt större roll.

Forskningen på området är i övrigt begränsad också om man beaktar nordiska och övriga utländska studier. Bland de relativt få undersökningar som föreligger kan nämnas några nederländska studier såsom *Radio en religie* (1978) och några arbeten av Hemels och Hoeckstra samt den tyska undersökningen *Kirchliche und religiöse Sendungen* (1981), som avser publiken till vissa västtyska TV-program 1979/1980.

6. Några slutsatser

I det föregående har den religionspedagogiska forskningen diskuterats med utgångspunkt från de fyra pedagogiska miljöer, där jag menar att kommunikation, lärande och påverkan i första hand äger rum, nämligen i familj, kyrka, skola och massmedia. Utöver dessa förekommer givetvis andra miljöer för lärande, exempelvis kamratkretsen och arbetsplatsen med deras informella former för kunskaps- och normspridande funktioner. Något utförligare om detta har jag utvecklat i Larsson (2009).

Det avgörande för mig är inte att benämna alla tänkbara situationer där någon form av religiöst lärande äger rum. Det jag vill fästa uppmärksamheten på är att människor möts av religiösa och livsåskådningsmässiga impulser i ett stort antal livssituationer och att det lärande som där sker kan ha lika stor betydelse som den särskilda pedagogiska verksamhet som pågår i kyrka och skola.

Beträffande några av de områden som särskilt beskrivits kan vi idag hänvisa till relativt omfattande kunskaper medan andra områden är mer eller mindre outforskade. Kvantitativt sett kan vi ganska enkelt konstatera, att ett omfattande religiöst lärande äger rum genom den verksamhet som bedrivs inom samtliga fyra områden. Däremot vet vi ofta ganska litet om mål och innehåll inom enskilda delar av dessa verksamheter. Och även om vi har tillgång till relativt väldefinierade pedagogiska mål och riktlinjer, saknas ändå för det mesta kunskaper om hur dessa förhåller sig till det som faktiskt sker i den genomförda undervisningen. Ännu mindre vet vi om den betydelse som enskilda pedagogiska insatser har för deltagarna, med andra ord i vilken utsträckning syftet med verksamheten uppnåtts.

Kring vart och ett av de fyra områdena aktualiserades målsättning, innehåll och undervisningsprocess samt ibland också deltagarnas reaktioner. Forskningsmässigt är dessa frågeställningar så komplexa, att det finns anledning att – också i en mycket elementär introduktion som denna – särskilt utveckla några centrala didaktiska problemområden som är gemensamma för vart och ett av dessa. Det skall samtidigt understrykas, att varje differentiering inom religionspedagogiken sker med fasthållande av övertygelsen om att delarna får sitt meningsinnehåll i helhetens sammanhang, i samspelet mellan de impulser som kommer till uttryck i de olika rummen för lärande, där människor befinner sig. För att göra denna komplexa bild mera transparant behöver de enskilda delarna ibland friläggas för att bli gripbara och möjliga att hantera och förstå.

Som jag redan påpekat lever och påverkas individen samtidigt inom flera pedagogiska miljöer. Enskilda och grupper kan göra allvarliga försök att värja sig mot denna mångfald genom att exempelvis slå vakt om familjens fostran av barnen i hemmet så länge som möjligt. Andra exempel på detta kan vara inrättandet av kristna förskolor och skolor, ett intensivt engagemang i kristna gemenskaper, ett medvetet och selektivt val av information osv.

För det stora flertalet gäller ändå ett liv i brokiga mönster av värderingar, informationer, impulser och erfarenheter, en situation som kan förväntas bli än mer accentuerad i den mångkulturella miljö vårt samhälle håller på att utvecklas till. Robert Jackson (1997) konstaterar i sitt arbete om lärande i en mångreligiös miljö att ungdomar från sådana miljöer de ofta besitter en förvånansvärt god förmåga att hantera växlingen mellan olika religiösa miljöer.

67

Beredskapen att leva i ett religiöst och kulturellt samhälle ställer stora krav både på den enskilda människan och det omgivande samhället och dess religiösa gemenskaper. Samtidigt innebär det en utmaning för var och en med ansvar för pedagogiska och religionspedagogiska processer i det svenska samhället. Inte minst finns det anledning att efterlysa pedagogisk forskning som kan klargöra de grundläggande villkoren för lärande i komplexa miljöer och ge de nödvändiga redskapen för ett lärande, en undervisning och fostran som rustar människor för ett liv i mångfald och förändring. Kunskaper och insikter som kan ligga till grund för att utveckla en personlig trygghet, en reflekterad självinsikt och en fördjupad medvetenhet om sin plats i tillvaron, där människor fått möjligheter att skaffa sig väl förankrade insikter om omistliga värden som humanitet, frihet, öppenhet och ansvar.

Ändå vill jag inte låta beskrivningen av mångfalden som ett problem få sista ordet. I grunden bär mångfalden och olikheter inom sig möjligheter till nya insikter för den som har mod att möta det ännu okända med nyfikenhet. "Skalet måste brista innan fågeln kan flyga", skriver Alfred Tennyson. Det menar jag kan vara ett klokt sätt att förhålla sig till pluralismen – att framför allt se den som en möjlighet och inte som ett hot (Larsson 2018b s 244).

Kapitel 3
Religionsundervisningen och den pedagogiska grundsynen

Tror vi att sanningen kommer ner till oss från auktoriteter
förvandlas klassrummet till en diktatur.
Ser vi på sanningen som en fiktion
som formas av personliga infall,
förvandlas klassrummet till en anarki.
Tror vi att sanningen växer fram
ur en komplex process av ömsesidig nyfikenhet,
blir klassrummet en resursfylld och fri gemenskap.

(Palmer 1998, s 51)

1. Ett hermeneutiskt-kritiskt perspektiv

För att inte riskera att kanske alltför ensidigt framhäva religionspedagogikens idémässiga grund på bekostnad av andra former av påverkan begränsar jag mig i det följande till att fästa uppmärksamheten på några av de pedagogiskt-filosofiska grundsynsfrågor jag anser vara av störst betydelse.

Pedagogisk grundsyn har som begrepp berörts redan i inledningskapitlets avsnitt om några olika sätt att bestämma religionspedagogikens identitet. Den pedagogiska grundsynen – eller om man så vill de olika grundsynerna – syftar på de grundläggande värderingar som är vägledande för undervisningen i sin helhet. Med detta syftar jag på sådana värderingar som styr lärandets och undervisningens mål, innehåll, genomförande och utvärdering – alltsammans i relation till synen på de personer som i något avseende är indragna i den pedagogiska lärandeprocessen. I första hand väljer jag att samla grundsynsfrågorna kring tre områden, nämligen synen på *människan, kunskapen* och *samhället* samt för religionspedagogikens del också den del av samhället som utgörs av kyrkor och andra religiösa gemenskaper eller livsåskådningar.

Redan frågan om vad som är pedagogik och därmed också religionspedagogik leder oss omedelbart över till behovet att precisera konkreta riktningar inom respektive vetenskap, som i sin tur grundar sig på värderingsmässiga förutsättningar. Det är också inom dessa ramar som exempelvis den pedagogiska kunskapssynen får sin första fixering.

Det engelska begreppet "the philosophy of Education" anger rätt väl vad det handlar om. Pedagogiken liksom religionspedagogiken innefattar nämligen tänkandet och reflektionen kring pedagogikens område med alla dess delar. Den beskriver, analyserar, förklarar och formulerar de normer för den pedagogiska verksamheten som i varje konkret pedagogisk situation gör sig gällande.

De normativa förutsättningarna gör sig alltid gällande i den verklighet, där pedagogiken omsätts i praktisk verksamhet, därför att den som vetenskap befinner sig i skärningspunkten mellan teori och praktik. Detta inskärps ytterligare av att denna teori och praktik handlar om människor, som lever sina liv invävda i en kultur och ett samhälle, mitt i en ständigt pågående process av växande, i förändring, sökande efter identitet och social integration. Metodiskt är den pedagogiska forskningen underkastad samma stränga lagar som varje annan vetenskaplig verksamhet. Detta utesluter inte den subjektivitet som alltid gör sig gällande i valet av det perspektiv var och en väljer för sina studier och de normer som den enskild forskaren omfattar – och i bästa fall försöker att redovisa öppet och begripligt.

Först en inbjudan till samtal och reflektion kring kapitlets inledande citat. Palmer varnar ofta för risken att välja lösningar i ett antingen-eller-perspektiv. Fundera över om du håller med om detta och i så fall om du kan tänka dig att för din del försöka pröva den "tredje väg" han skissar. Kanske har du själv ett bättre förslag? Hur som helst – visst handlar detta om de ständigt närvarande värderingarna!

Lexikaliskt beskrivs pedagogik som "läran om undervisning och fostran". I den tyska traditionen talar man gärna om begrepp såsom Bildung, Ausbildung, Erziehung och Unterricht, vart och ett med sina särskilda betydelser och associationer. Norrmännen Asheim & Mogstad (1987) menar att man grovt uttryckt kan tala om tre huvud-riktningar inom pedagogiken – en hermenutisk, en empirisk-posi-tivistisk och en kritisk (marxistisk). Inom var och en av dessa kom-mer människa, kunskap och samhälle (kyrka) att tillskrivas varie-rande innebörder, var och en med sina karakteristiska tyngdpunkter. Jag exemplifierar detta med följande referat av de båda författarna.

Den *hermeneutiska pedagogiken* (tyskans geisteswissenschaftlich-hermeneutische Pädagogik) ställer förståelse, funktions-, menings- och intentionssammanhang i centrum. Här ställs människan och allt mänskligt programmatiskt i mittpunkten. Ofta hittar man i beskriv-ningarna av denna typ av pedagogik grekiskans klassiska bildnings-begrepp *paideia*. Därmed avses en pedagogik med inriktning på en allomfattande personlig och kulturell integration. Syfte och mål handlar om utvecklingen av fria, ansvariga, delaktiga och socialt integrerade människor. För forskningen inom denna pedagogiska

71

huvudlinje blir de kvalitativa metoderna särskilt viktiga. Skälet till detta är att endast sådana metoder har de nödvändiga förutsättningarna att kunna fungera som redskap för att undersöka och förklara enskilda fenomens och helhetsstrukturers individuella egenart, nämligen att ställa den enskilda människan i centrum.

Den *empirisk-positivistiska pedagogiken* anknyter till de empiriska vetenskapsideal som framhåller betydelsen av intersubjektivitet och kvantifierbarhet som grundläggande kriterier. Sådant som inte kan studeras i enlighet med denna typ av krav betraktas som "förvetenskapligt" och placeras gärna utanför forskarens blickfält. Sådant som inte låter sig mätas eller med andra ord inte kan säkerställas som vetbart i empirisk mening kommer med denna utgångspunkt att förbli outforskat. På den vita kartan hamnar då gärna områden som det mänskliga medvetandet, jaguppfattningen, personlighetsutvecklingen och liknande individuellt relaterade områden.

Den *kritiska (tidigare i första hand marxistiska) pedagogiken* i sina många varianter uppfattar sig som en del i en samhällsförändrande praxis. Konfliktanalyser blir viktiga redskap i syfte att skapa medvetenhet och ge kunskap om latenta samhällsmotsättningar. Kravet på frigörelse och emancipation ställs i centrum. Som exempel från den västliga kulturkretsen kan nämnas Paulo Freire och hans "frigörande pedagogik".

De värderingar som utgör centrum i dessa tre riktningar leder till mer eller mindre oförenliga pedagogiska aktiviteter även om de förmodligen kan befrukta varandra. Metodiskt har de var och en inom sitt område utvecklat viktiga redskap för att undersöka lärandets och undervisningens viktiga frågor. I den meningen finns det anledning att vara öppen för att låta de olika perspektiven eller ansatserna bidra med insikter och erfarenheter som kan stimulera, berika och komplettera det vetenskapliga pedagogiska arbetet. För min del väljer jag att låta de hermeneutiskt-kritiska perspektiven vara vägledande. Bara så anser jag det vara möjligt att utveckla en religionspedagogik som bidrar till att ställ hela människan i centrum i ett samhälle som präglas av demokratiska värderingar.

2. Religionspedagogik som teori och praktik

Vad för slags pedagogik är då enligt min mening religionspedagogiken? Enkelt uttryckt kan i stort sett allt som kännetecknar den allmänna pedagogiken också kan överföras på religionspedagogiken. Det specifika med denna pedagogiska gren ligger i tillförandet av det innehållsliga området religion med alla dess många varianter. I den internationella religionspedagogiska litteraturen hävdas ofta med stor bestämdhet att religion endast kan uppträda konkret, dvs i form av viss trosinriktning för kunna att ge en enhetlig vägledning. Med den ansatsen säger man exempelvis att religionspedagogik är en (tros-) teologiskt begrundad lära (läs: pedagogik) om lärande, undervisning och fostran. Företrädare för denna uppfattning är de båda norrmännen Asheim & Mogstad (1987), den tyske Nipkow (1975, 1990) och – med viss reservation – amerikanen Thomas Groome (Larsson 2005).

Jag delar inte den uppfattningen, även om jag uppskattar mycket av de nämnda personernas pedagogik i övrigt. För mig måste religionspedagogiken stå fri i förhållande till avgränsande konfessionella ramar med den subjektivitet som lätt följer med en sådana kopplingar. Däremot kan mycket väl konfessionella gemenskaper använda sig av övergripande religionspedagogiska teorier.

Därmed har något viktigt sagts om den pedagogiska och religionspedagogiska forskningens vetenskaplighet. Som vetenskaper tillhör det pedagogikens och religionspedagogikens uppdrag att utveckla en generell och värderingsmässigt neutral struktur. Först så kan den bli användbar i ett multikulturellt och mångreligiöst samhälle och i konfessionella sammanhang. Den påverkas i alla sina delar av sin plats i skärningspunkten mellan teori och praxis, där den alltid måste bli konkret – och kontextuell. Det blir då också ett vetenskapligt renlighetskrav att denna konkreta förutsättning öppet redovisas liksom de värderingsmässiga förutsättningar som gäller i varje enskilt fall.

Min slutsats blir därmed, att religionspedagogiken alltid har att arbeta i ett område, där värderingarna hör till själva grundelementen i det som skall studeras. Detta innebär att religionspedagogiken måste spränga den empiristiska begränsningen och bli en tolkande (hermeneutisk) vetenskap om den skall ha förutsättningar att göra rättvisa åt sin "sak". Till religionspedagogikens viktiga uppgifter hör därmed att arbeta med de pedagogiska implikationer som följer av ett religiöst och livsåskådningsmässigt material med ibland tydligt och i andra sammanhang diffust preciserade värderingar, religiösa övertygelser och andra tolkningar av den mänskliga existensen.

Textutdrag 1: Exempel från Lutherska världsförbundet på hur en teologisk positionsbestämning av en pedagogisk ansats kan se ut*

Kyrkans undervisning och fostran uttrycker vad kyrkan är och ingår därmed som en oupplöslig del av kyrkans självförståelse som Guds mission i världen. Undervisningen blir då en integrerad del av Kristi kyrkas tjänst i världen – "the mission to God´s world".

1. *Undervisning som uttryck för vår tjänst.* NT talar om att växa till i kunskap, att inte förbli som barn, att inte drivas hit och dit av varje vindkast i läran. Undervisningen hjälper människor att växa och nå en större mognad i det kristna livet.

Ett i grunden oföränderligt evangelium måste ständigt tolkas i en föränderlig verklighet. Det i den meningen levande evangeliet blir en ständig utmaning för undervisningen.

Tron har sitt centrum i den levande Herren. Det är ett falskt dilemma att ställa innehåll mot elevcentrering. Undervisningen skall vara Kristus-centrerad! Det anger människans och det kristna trosinnehållets plats.

2. *Tjänsten riktad till världen.* Aldrig har världen varit i större behov av det kristna evangeliet. Nöden som gastkramar världen kan med Uppenbarelseboken beskrivas som den stora skökans verk: krig, hunger, överbefolkning, rasism och miljöförstöring. Hur uttrycker kyrkan sin kärlek till denna värld?

Kyrkans undervisande tjänst som en del av Guds mission, den Uppståndnes kamp mot de onda, utmanas på nytt. Kristen tro skall uttryckas i en tydlig, evangelisk undervisande tjänst, rotad i proklamationen av Gud som Försonaren (kerygmat), närd i gudsgemenskapen (koinonia), bärande frukt i Gud Skaparens värld (diakonia).

Kyrkan måste ta sin egenart som tjänande kyrka på allvar, skapad av en tjänande Herre, ett med de fattiga och de förtryckta. Att göra denna identitet tydlig är en av de största utmaningar kyrkan står inför idag, särskilt i sin undervisande tjänst.

3. På kyrkans uppdrag utför vi tjänsten. Kristen undervisning är inte bara ett kvantitativt tillägg, den är en kvalitativ del av det kristna lärjungaskapets liv. Kyrkan *har* inte mission utan *är* själv mission. Det som konstituerar innehållet för denna sändning grundar sig på nästans behov

och Guds resurser. Därigenom förs behov och möjligheter samman på ett dynamiskt sätt.

I den kristna undervisningen bärs kyrkan av den Heliga andens charisma. Utan Anden kan inte tjänsten utföras. Detta uttrycker samtidigt något av Guds resurser. Han som vill den kristna undervisningen och gett den sin välsignelse är också den som med kyrkans undervisning bygger en bro mellan kyrkan och världen.

*Exemplet bygger på William H Lazareth, "Theological foundations of christian education", i: *Christian Education for the 1980s. International LWF Meeting for evaluation and planning.* Oct. 1-4, 1980 in Founex, Switzerland. Reports and recommendations (stencil). Exhibit I).

Stanna upp för samtal om textutdraget. Lägg märke till dess karaktär som konfessionellt bestämd värderingsmässig grund för en kyrklig undervisning. Nästa steg handlar om att "översätta" dessa grundtankar i praktisk undervisning. Samtala om hur en sådan plan skulle kunna se ut i ditt sammanhang. Begränsa gärna samtalet till något enstaka moment.

Med de tankar jag redovisat blir det naturligt att tala om en religionspedagogik som berör människans totala existens och därmed också pedagogikens alla delar – inte bara ett religiöst lärande, undervisning och fostran i den ena eller andra formen. Byts den värderingsmässiga orienteringshorisonten ut mot, exempelvis en individualistisk kristendomssyn eller en icke samhällsintegrerande religionsuppfattning, får detta också konsekvenser för den religionspedagogiska praktiken.

Ett särskilt – ännu knappast uppmärksammat – problem utgör den skolorienterade religionspedagogik som har att arbeta med skolans icke konfessionella religions-, etik- och livsfrågeundervisning – för att nu använda ett begrepp från senare läroplaner för gymnasiet. Vad står exempelvis begreppet "religion" för i denna skolintegrerade undervisning? Ett viktigt bidrag till att lyfta fram detta problem har getts av Bo Dahlin (1989), som i sin fenomenografiska avhandling klarlägger religionsundervisningens grundläggande villkor. I övrigt vill jag påstå att några teoretiska utgångspunkter som skulle kunna ge skolans religionsundervisning ett hållbart fundament aldrig har gjorts riktigt tydliga sedan undervisningen upphörde att vara en del av Svenska kyrkans dopundervisning – en process som steg för steg genomfördes under perioden 1919-1962 för att därefter gå in i en ny fas.

Det innebär inte att jag skulle vilja återgå till en konfessionell religionsundervisning. Tvärtom behöver vi forma en religionspedagogik som bygger på ett bejakande av den religiösa mångfalden och dagens pluralistiska samhälle. Först genom att erkänna mångfalden och fördjupa kunskapen om dess många delar kan undervisningen bli till hjälp för människor att nyfiket och tryggt navigera i dagens spännande religiösa och livsåskådningsmässiga mosaikliknande landskap.

Den enligt min mening väl sparsamma reflektion som finns ifråga om de grundläggande religionspedagogiska frågorna hänger förmodligen samman med det i övrigt låga intresse som sedan årtionden finns för den allmänna pedagogikens grundsynsfrågor. Detta ser jag som ett problem som vi delar med västerlandet i stort, där en empiriskt-positivistisk vetenskapssyn fått ta överhanden och där ofta de kortsiktiga, praktiska genomförandefrågorna blivit vägledande. Ference Marton talar till och med om "fem döda decennier" med hänvisning till detta problem (Marton 1986, 40 f).

3. Om att reflektera över lärande, undervisning, fostran och utbildning

Den allmänna religionspedagogiken kan enkelt beskrivas som reflektion över den religiösa bildningens, utbildningens, lärandets, undervisningens och fostrans förutsättningar och syfte. Den västtyske religionspedagogen Karl Ernst Nipkow (1990, 236 ff) har formulerat fem grundläggande s k *"Sinndimensionen"* (meningsdimensioner) för den gemensamma 'bildningen' i samhället, som enligt honom dessutom skulle kunna härledas ur en kristen pedagogisk grundsyn. Dessa "Sinndimensionen" ser han som vägledande för kyrkornas pedagogiska arbete med syfte att hjälpa oss:

- att leva i en demokrati

- att leva i ´oikos´ av en enda värld

- att leva i fred och försoning

- att leva i förändring av samhälleliga värderingar samt

- att leva i och med ett historiskt medvetande.

Var och en av dessa formuleringar bär inom sig utmaningar och mål för en livslång pedagogisk lärandeprocess. Samtliga är dessutom bestämda av mycket tydliga ställningstaganden om vad som i ett kristet-humanistiskt perspektiv är eftersträvansvärt.

Hur kommer man då fram till sådana grundläggande principer för den pedagogiska verksamhetens inriktning? Det sker inte genom empirisk forskning. Inte heller enbart med hjälp av kritiska teorier. I grunden finns det bara två möjliga ansatser Den första skulle kunna betecknas som *den pragmatiska*, genom vilka vissa axiomatiskt givna normer sanktioneras, exempelvis av den typ som FN:s mänskliga rättigheter representerar. Bakom sådana formuleringar ligger något slag av samsyn och samtidigt skyddsvärd konsensus kring vissa grundläggande värden, som i sin tur kan vara förankrade i skilda religioner eller livsåskådningar.

77

Kännetecknande för denna ansats är att de fastlagda normerna inte anses behöva styrkas eftersom de är axiomatiska. Med dessa formuleringar som bas kan ett samhälle forma sitt etiska minimalkodex, som alla eller merparten av medborgarna förutsätts vara ense om. Exempel på hur detta kan få genomslag och utformas går det att finna i sådana dokument som Lgr 80. Fundera gärna över detta utifrån både denna och senare läroplaner som du har tillgång till.

Den andra ansatsen utgår från en enskild trosuppfattning eller livsåskådning. Här kan trosuppfattningen fungera som en källa till en ständigt pågående reflektion över riktmärkenas betydelse och inbördes sammanhang. De kan också bilda utgångspunkt för en kritisk analys av samhället och den pedagogiska praxis som föreligger. Denna uttalat religiösa ansats hör hemma i de religiösa gemenskaperna och är knappast tillämplig i den svenska skolan med dess sekulära demokratiska bas.

I sak behöver det knappast råda några svårigheter att uppnå en bred enighet om den typ av grundläggande riktmärken för den pedagogiska verksamheten som valts i vårt land. Den svenska modellen för skola och religionsundervisning bygger i grunden på *en sekulär konsensusmodell*, när det gäller de av läroplanen sanktionerade normerna. Den internationellt sett vanligaste formen av religionsundervisning liksom kyrkornas pedagogiska verksamhet utgår principiellt sett från en bestämd tro.

Den pedagogiska didaktikens grundläggande uppgifter är att klargöra undervisningens innehåll och dess behandling i relation till vad som gäller för de enskilda undervisningsprogrammen. Det arbetet bedrivs vanligen inom ramarna för de inom den allmänna pedagogikens område givna förutsättningarna. Därmed blir det också naturligt att samordna, exempelvis metodfrågorna med didaktiken för att göra det tydligt hur sammanvävda med varandra metod och medel ändå är med målen och innehållet – under förutsättning att alltsammans får vara ett utflöde av en bärande och sammanhållande pedagogiska helhetssyn.

4. Grundsynens betydelse för lärande, undervisning och fostran

Vid behandlingen av grundsynsfrågorna vill jag utöver själva informationen om vad själva begreppet står för också markera deras centrala roll. För varje pedagogisk teoretiker och praktiker är det viktigt att tänka igenom vilka värderingar som ligger till grund för de enskilda delarna av den pedagogiska aktivitet man är indragen i. I litteraturen diskuteras ofta begreppet "grundsyn" under beteckningen pedagogisk filosofi eller utbildningens filosofi. I religionspedagogiskt sammanhang kan det vara lämpligt att jämföra "grundsyn" med begrepp som livsåskådning och religiös tro och de värderingar som utgör grogrunden för dessa. Enligt Anders Jeffner (1976, 18) utgör en livsåskådning en persons

> centrala värderingssystem och personens grundhållning och den del av det som personen anser sig veta om sig själv och sin omvärld, vilket påverkar hans centrala värderingssystem eller grundhållning på ett sätt som personen är beredd att acceptera.

När det gäller den pedagogiska grundsyn, dvs de grundläggande värderingar som har relevans för det pedagogiska sammanhanget, tänker jag i första hand på *människosyn, kunskapssyn* och *samhällssyn*. Gunilla Svingby (1982) nämner i samband med en diskussion om lärarrollen också begreppet *didaktiksyn* med syftning på de särskilda aspekter som påverkar ett undervisningssammanhang. Dit hör bland annat lärandets och inlärningens individuella förutsättningar, undervisningens organisation, struktur, tidsplanering och utvärdering. För religionspedagogikens del finns det anledning att vid sidan om samhällssynen också nämna synen på kyrkan (den aktuella trosgemenskapen) eller den religiösa och livsåskådningsmässiga ram som i det enskilda fallet utgör verksamhetens ram.

Det jag tänker mig som en pedagogisk grundsyn påverkar och har aktualitet inom pedagogikens alla områden. Dess värderingar och

79

principiella förutsättningar spelar en avgörande roll för skolpolitiska beslut, fastställande av läroplaner med deras mål och riktlinjer, resursanvisningar och fördelningar av dessa, lärarutbildning och skolorganisation. Grundsynerna kan fungera som pådrivande krafter till förändring och reformering, som stabiliserande och traditionsbevarande faktorer men också som hinder för reformer och utveckling av det pedagogiska arbetet i kyrkor och skolor och i den allmänna massmediedebatten.

Medvetenheten om grundsynens allestädes närvaro – öppet eller fördolt – gör det angeläget att i alla pedagogiska sammanhang rikta uppmärksamheten mot dess avtryck i innehåll, metodiska anvisningar och rollfördelningar i den tänkta undervisningen. Ofta möts vi i läroplanerna av vackra proklamationer om en aktiv och skapande elev, som förutsätts vara delaktig i utvecklingen av kunskap. En kritisk analys måste med hjälp av reflekterad ideologisk medvetenhet söka sig bakom de vackra orden och ge akt på helheten. Dit hör också undervisningens ramfaktorer som exempelvis de ekonomiska och strukturella förutsättningarna för att realisera läroplanens intentioner. Om möjligt bör också studierna riktas mot hur mål och riktlinjer omsätts i klassrummet och hur hela lärandeprocessen gestaltas för delaktiga lärare/ledare, grupper och enskilda individer.

a. Människosyn

Enligt Henry Egidius Termlexikon (1983) kan begreppet *människosyn* sammanfattas på följande sätt. Människosyn är:

> en filosofisk, ideologisk eller religiös uppfattning om människans natur, exempelvis som Guds avbild, som en naken apa, som en länk i orsakskedjor, som fri och ansvarig, som styrd av betingningar och förstärkningar, som styrd av motiv och motivkonflikter...

En kristen människosyn sammanfaller till stor del med en i vårt samhälle allmänt accepterad humanistisk syn på människan. Enligt denna har alla människor vissa grundläggande rättigheter som ska respekteras lika oavsett förmåga att presentera. Ingen är förmer än någon annan. Kanske just för att vi, åtminstone till det yttre, är så eniga om detta ser jag det som en viktig forskningsuppgift att inom ramen för exempelvis en kyrklig pedagogik försöka klargöra och formulera, innebörden i exempelvis en luthersk människosyn och hur denna appliceras på en läroplan eller ett läromedel för att därmed få en genomlysning av innebörden av att tillämpa en viss religiös grundsyn på ett pedagogiskt område. Motsvarande experiment kan också behöva göras med inriktning på kunskapssyn och samhällssyn. Och varför inte tillämpa samma kritiska granskning också när det gäller andra religiösa eller livsåskådningsmässiga koncept än det lutherska – och med avseende på den offentliga skolans läroplaner.

Jag vill också lyfta fram en formulering som jag hämtar från Egidius´ inledning av sin bok "Riktningar i modern pedagogik"(1981, 7). I koncentrerad form svarar han på frågan om vad pedagogik är. Samtidigt formulerar han med några träffande ord hur pedagogiken relaterar till människan:

Pedagogiken handlar om människan, *vad hon är, vad hon bör vara och vad hon kan utvecklas till.* (kursiverat här)

Varje (religions-)pedagogisk uppfattning utgår från någon föreställning om hur människan är beskaffad. På olika sätt betonas individens biologiska, sociala och psykologiska förutsättningar. Religiösa föreställningar tillfogar i allmänhet någon form av andlighet, som i likhet med övriga faktorer bidrar till beskrivningen av vad det i en pedagogisk kontext kan innebära att vara människa i en process av lärande, växande och utveckling.

Bland de försök till systematiseringar av människosyner som föreligger refererar jag i det följande till vad de båda norrmännen Lars Gunnar Engedal och Svein Olaf Thorbjørnsen redovisar i sin introduktion till kristen etik (1984). I anslutning till dessa anger jag i sammandrag några karakteristiska drag för de fyra typer av människosyner de båda författarna nämner. Till dessa fogas en något utförligare beskrivning av en kristen människosyn. Notera att jag bara tagit med några enligt min mening typiska drag och överlämnar till läsaren att själv komplettera, exempelvis med sökningar på nätet.

Den *humanistiska människosynen* ställer människan i centrum. Enligt denna har människan ett oändligt värde, ett värde som ofta beskrivs som okränkbart. Till de centrala värdena och grundläggande mänskliga rättigheterna hör också en rad friheter och skyldigheter. Till kännetecknen på människan hör också sådant som förnuft och känsla och att människan är en relationell varelse.

En utpräglat *naturalistisk människosyn* framställer människan som en natur-produkt, vars hela existens har sin förklaring i det av naturen givna. Människan är därmed inte heller unik bland övriga biologiska varelser utan styrs liksom dessa ytterst av sina behov och drifter. Bristande tillfredsställelse och förträngning av dessa behov leder till problem.

Den *marxistiska människosynen* kan enligt Engedal & Thorbjørnsen visserligen inte uppfattas som ett enhetligt begrepp, vilket naturligtvis också gäller de tidigare nämnda. Denna syn kännetecknas bland annat av tilltron till människans förmåga att genom sitt arbete påverka och delta i produktionen som ett sätt att bruka och förädla de gemensamma tillgångarna. Genom sitt arbete blir människan människa. Det är också genom arbete som samhället formas och därmed själva ramen ges för individens arbete. Samtidigt bidrar arbetet till att ge en känsla av sammanhang och meningsinnehåll. Som individ får människan sin identitet genom tillhörigheten i sin klass. Samtidigt blir friheten relativ i förhållande till kollektivet. Det som ur etisk – men också pedagogisk – synpunkt är ont och därför skall bekämpas har inte i första hand sin grund i den enskilda människan utan i samhällsstrukturen, som därför måste förändras. I detta ligger en samhällskritisk funktion, som också får konsekvenser för den enskilde i det pedagogiska arbetet.

Konsumtionskulturens människosyn får enligt författarna sin bestämning mot bakgrund av dagens kommersialism, där människans välfärd och lycka knyts till ägandet av sådant som uppfattas som åtråvärt. Framgången blir ett ideal i sig själv och den köpande och konsumerande människan blir ett värde för den som lever på att sälja produkter, också då de inte alltid svarar mot verkliga behov. Människans liv förtingligas genom att livets mål och mening knyts till statussymboler, dvs sådant som ligger utanför människan i stället för inom människan själv och i den andliga dimension som färgar in hennes varande. Pedagogiskt leder konsumismens syn till en benägenhet att prioritera ett lärande och en utbildning som gagnar denna typ av mål eller behov. Den materiella nyttigheten med hänsyn uppställda individuella välståndskriterier blir vägledande.

Som alternativ och delvis också ett korrektiv till dessa människosyner utvecklar de norska författarna en *kristen människosyn* med de specifika drag såsom framträder i en kristen (luthersk) teologi. Till de grundläggande element de tar upp hör människan som skapad av Gud, människan som förvaltare och tjänare, människan som syndare i uppror mot Gud samt "den nya människan" i Kristus.

Vad kan allt detta innebära för religionspedagogiken? Jag lämnar den frågan öppen för fortsatt eftertanke och diskussion. För min del vill jag bara stryka under betydelsen av att uppmärksamma de grundläggande värderingarnas syn på människan. Det finns anledning för oss alla att gå vidare med analyser av läroplaner och läromedel liksom i en kritisk reflektion över den egna pedagogiska aktiviteten i alla sammanhang där vi bär någon form av ansvar, i skolan, kyrkan och i familjen. Överallt spelar människosynen en avgörande roll. Den som väl upptäckt dess betydelse i *ett* sammanhang kommer utan större svårigheter också att kunna upptäcka vad den innebär inom andra pedagogiska miljöer.

b Kunskapssyn

Kunskapssynen kan sällan helt skiljas från människosynen. Om man tar sin utgångspunkt i Nipkows fem "meningsdimensioner", upptäcker man dessutom ganska snart att synen på kunskap kan fyllas med ett mycket varierat och kanske överraskande innehåll. Vilken sorts kunskap kan exempelvis vara svar på följande frågor: Vad krävs för ett liv i demokrati? Hur kommer en människa fram till ett ansvarigt liv som världsmedborgare och som fredsstiftare? Vad innebär det att leva i ett multikulturellt sammanhang, där inte bara förekomsten av skiftande värderingar är stor utan där också behovet av att ompröva sina egna värderingar med bibehållen personlig integritet är påträngande och nödvändig?

Att med Palmer odla nyfikenheten för vad som ligger bortom våra vanliga begränsningar till ett antingen–eller? Vad gör jag med historien? Finns det ett arv som förtjänar att förvaltas – eller bekämpas, övervinnas eller vårdas och utvecklas?

Frågorna kan varieras i det oändliga: Vem besitter den kunskap vi behöver? Experter? Vilka är de i så fall? Är det kanske vi alla tillsammans eller bara vissa utvalda? Vilken kunskap är viktig? Vem avgör det? Kan verklig och bestående kunskap växa annat än i en dialog? I möten mellan olika och med det som är annorlunda? Och vågar vi pröva detta det utan att först på riktigt ha blivit hemma i oss själva och vårt eget historiska och sociala sammanhang?

I pedagogikens historia finns många försök att bestämma vad skolan skall ge sina elever. På motsvarande sätt har kyrkorna i den kristna traditionen lagt tonvikten på mycket olika typer av kunskap. Förenklat kan man skilja mellan *en traditionsförmedlande kunskapssyn*, som utgår från att den mänskliga kulturen bär med sig och skapar ett kunskapsarv som anses värt att förmedla till kommande generationer. Innehållet kan – men behöver inte alltid – uppfattas som statiskt. Kort sagt handlar det om en kunskap som på något sätt tänks vara given på förhand och bara väntar på att förvaltas och förmedlas av experterna, de som har den "rätta" kunskapen, till det uppväxande släktet.

Denna traditions- eller kulturtraderande kunskapssyn kan på en gång vara starkt fokuserad på det intellektuella området. Lika ofta har den emellertid också omfattat förmedlingen av etiska normer och sådant som hör hemma på det emotionella planet liksom färdigheter av olika slag. Kort sagt, sådant som handlar om att reproducera ett föreliggande kulturella arv i hela dess bredd. Ofta har kunskapens innehåll motiverats utifrån en samhällsbevarande och stabiliserande funktion, som – kanske oreflekterat – gett samhället företräde framför individen och dennes egna kunskaper och kunskapsbehov.

Den andra huvudtypen av kunskapssyn utgår från frågan om vilka kunskaper den enskilda människan och samhället kan tänkas behöva för att kunna hantera de uppgifter som väntar. Vi kan här tala om en *behovsorienterad utgångspunkt* för val av innehåll i undervisning och fostran. Förutsättningar för detta ligger i en människosyn och en samhällssyn som ger plats för en sådan form av öppenhet i valet av kunskap. I korthet sammanfattar Svingby (1985, 113) kunskapssynen i Lgr 80 på följande sätt:

> Kunskapsutveckling – inte förmedling. Kunskaper vinns genom att undersöka, analysera, reflektera. Elever har alltid en kunskap som undervisningen måste bygga vidare på, utmana, förändra. Kunskaper måste kopplas till färdigheter och till värderingar.

Hur går en undervisning till som tar fasta på ett sådant synsätt och vad skulle det innebära att tillämpa motsvarande inom en kyrka i dess arbete med att forma sin undervisning och fostran?

c. Samhälls- och kyrkosyn

Samhällssynen i ett pedagogiskt sammanhang handlar om beskaffenheten i den enskilda människans sociala och kulturella rum för lärande. Det har en avgörande betydelse för den plats eleven ges som subjekt och/eller objekt, som enskild person, som myndig samhällsbärare eller som instrument för överindividuella mål. Här inställer sig frågorna om det demokratiska samhällets öppenhet för medspelarna i "lärandets många rum", hur ansvaret fördelats på det personliga planet och hur detta varierar lokalt, nationellt och globalt. Vad innebär det att genomföra ideal som går ut på att ge människor frihet och ansvar i den gemenskap de är en del av? Hur formas ett lärande och en undervisning som utvecklar människor till att på en gång fungera som samhällskritiska och ansvariga medborgare?

Skollagens § 1 (1985) innehåller mål som mycket tydligt markerar samhällets intresse av att forma samhällsdugliga medborgare:

> Den genom samhällets försorg bedrivna undervisningen av barn och ungdom har till syfte att meddela eleverna *kunskaper* och öva deras *färdigheter* samt i samarbete med hemmen främja elevernas utveckling till *harmoniska människor* och till *dugliga och ansvarskännande samhällsmedlemmar* (kurs. här).

Jämför denna "portalparagraf" med motsvarande skrivning i skollagen från 2010 läser vi:

> 4 § Utbildningen inom skolväsendet syftar till att barn och elever ska inhämta och utveckla *kunskaper och värden*. Den ska främja alla barns och elevers utveckling och lärande samt en *livslång lust att lära*. Utbildningen ska också förmedla och förankra respekt för de *mänskliga rättigheterna* och de grundläggande *demokratiska värderingar* som det svenska samhället vilar
> på.
> …
> Utbildningen syftar också till att i samarbete med hemmen främja barns
> och elevers allsidiga *personliga utveckling till aktiva, kreativa, kompetenta och ansvarskännande individer och medborgare. (kursiv. här)*
> *(SFS 2019:800)*

Samtala om vad som är gemensamt och nytt i de båda skrivningarna. Fundera över vad som kan ligga bakom förändringarna. Är det något som du anser vara särskilt viktigt i dag?

Lgr 80 skriver i flera sammanhang om hur individens och samhällets intressen kan komma i konflikt med varandra. Exempelvis anses inte alltid möjligt att begränsa sig till elevens egna erfarenheter och intressen som utgångspunkt för val av innehåll och arbetsformer. Demokratins värderingar är på något sätt överordnade eleven och utgör i sig tillräcklig grund för en undervisning och fostran med inriktning på vissa värderingar. Det kan gälla respekten för varje människas lika värde, förmågan till samarbete, vilja att lösa konflikter på fredlig väg, förståelse för oliktänkande, internationell solidaritet osv.

På liknande sätt har en kyrka ett intresse av att hjälpa människor till att förstå och överta värderingar, kunskaper och delat ansvar inom den kyrka de valt att tillhöra. På motsvarande sätt påverkar också olika uppfattningar om vad en kyrka anses vara och hur dess uppgift skall tolkas hur man beskriver ett önskvärt förhållningssätt gentemot människor inom och utom en kyrka.

En traditionell förmedlingspedagogisk hållning kan framstå som det naturliga redskapet för en kyrka som inriktar sin pedagogiska verksamhet på reproduktion, stabilitet, fasthet i lära och form osv. En kyrka som däremot ser människans befrielse med allt vad detta kan innebära som mål för sitt arbete använder sig hellre av någon form av "frigörande pedagogik" med inriktning på att utveckla självständiga, kritiskt reflekterande människor med en önskan att efter förmåga medverka till kyrkans förnyelse. Lite av "Rötter och vingar", för att använda Equmeniakyrkans tema 2014. Kanske en illustration av Groomes tankar om att vi alla lever i nuet, där vi på ett ansvarigt sätt förhåller oss till vårt förflutna och lägger grunden för det kommande.

Vi kan förhålla oss på diametralt motsatta sätt till inför utformningen av en pedagogisk verksamhet. De som just nu innehar maktpositioner i samhälle och kyrka kan använda pedagogiken som instrument för stabilitet och bevarande av det som varit. Kanske eftersträvar man människors anpassning till kyrka och samhälle. Människor görs till instrument för kollektivet och för överindividuella mål.

Ett pedagogiskt arbete efter demokratiska ideal med inriktning på fria ansvarstagande människor kan aldrig tas för givet. Därför finns det alltid skäl att ställa de kritiska frågorna: I vems intresse formas undervisningen? Vem formulerar målen och för vilka syften? Hur balanseras den enskildes behov och intressen i förhållande till den

egna gruppen och de större gemenskaperna i en mångkulturell livs-
miljö?

d. Grundsynernas roll i familj, kyrka, skola och massmedier
Vilka konsekvenser får allt detta för uppbyggnaden av ett samman-
hållet lärande och undervisning? Ingen enskild del inom pedagogi-
kens område förblir oberörd av de grundläggande värderingarna. Om
de hålls levande växer ur dem de kritiska frågorna om den enskilda
människan, vilka kunskaper och färdigheter som prioriteras, vilken
etik som praktiseras till vardags och övas för ett liv i gemenskap.

Det som sagts gäller oberoende av platsen för den pedagogiska
aktiviteten. Överallt finns värderingsperspektivet med och färgar in
tillvaron. Och den valda färgen smittar av sig – "surdegen genomsy-
rar hela degen". Den märks och är fullt synbar för den som vill se
och reflektera – spontant eller ännu hellre systematiskt och med ny-
fikenhet på att med hjälp av forskning skaffa sig nya kunskaper.

Avslutningsvis påminner jag om, att värderingarna inte är de enda
drivkrafterna bakom pedagogiska förändringar, aktiviteter och för-
hållanden. Också andra faktorer spelar in, exempelvis ekonomi och
maktstrukturer, traditioner och populära trender. Den viktiga frågan
handlar inte om vad som är viktigaste påverkansfaktorn. Det avgö-
rande är en reflekterad medvetenhet om den grund man själv står på,
sina egna "rötter" och "vingar", ett väl avvägt samspel mellan de
olika förutsättningar som gör en eftersträvad lärandeprocess möjlig.

Det avgörande är att var och en som arbetar inom en pedagogisk
verksamhet kritiskt ställer de grundläggande pedagogiska frågorna:
"Varför?", "i vems intresse och i vilket syfte?" för att sedan följa upp
dessa genom hela processen av lärande, undervisning och fostran.
Inte minst viktigt är det att ställa de kritiska frågorna till sig själv och
att planmässigt söka forma sin egen medvetna och sammanhängande
pedagogiska grundsyn och öva sig i konsten att göra den till en stän-
digt närvarande kompass för det dagliga arbetet.

Kapitel 4
Målsättning

Kunskap är relationell, driven av en önskan
att komma i en djupare relation till det vi lär känna.

Kunskapande är människans väg att söka relationer
och alltid när vi går in i möten och tankeutbyte förändras vi....
Kunskap är alltid relationell.

Palmer 1998, s 54)

I. Målnivå och beslutsnivå

All pedagogisk verksamhet har ett syfte eller ett mål. Däremot är det inte lika självklart att varje form av lärande, undervisning och fostran bygger på några formulerade mål. Sådant kan exempelvis i stor utsträckning gälla familjens och kanske också massmedias pedagogiska funktioner. Även om det inte är särskilt meningsfullt att ange preciserade pedagogiska målskrivningar för alla de situationer som i sin faktiska verkan innebär lärande, undervisning och fostran utgör det en viktig uppgift både för praktikern och för olika former av kritisk pedagogisk och teologisk reflektion och forskning att vara tydlig med att redovisa skälen till de aktiviteter som bedrivs för att på något sätt forma våra liv och vilka avsikter som öppet eller outsagt anger riktningen för verksamheten.

Om vi tills vidare inriktar oss på de särskilda aktiviteter för lärande, fostran och undervisning, som äger rum i kyrka och skola, finner vi i allmänhet mer eller mindre klart uttalade syften med de förekommande undervisningsprogrammen. I *Riktlinjerna för Svenska kyrkans konfirmandarbete* (1978) heter det t ex:

> Målet med församlingens konfirmandarbete är att hjälpa konfirmanderna att själva nå fram till kristen tro och kristet liv.

Efter denna ganska allmänt hållna beskrivning av konfirmandundervisningens syfte anges fyra aktivitetsområden, som bedöms vara av betydelse för att det angivna målet skall uppnås: Detta kan, heter det, ske genom att konfirmanderna

- får erfarenheter av och inövning i andakt och gudstjänst,

- får erfarenhet av en fungerande kristen gemenskap,

- får studera och tillämpa bibliska texter,

- får elementär insikt i kyrkans tro, kristen etik och i församlingens liv, samtidigt som de vinner i ökad medvetenhet om sig själva och sin livssituation.

Denna och liknande beskrivningar av undervisningsmål har flera funktioner. De ger för det första information om undervisningens *syfte*. För det andra utgör de *underlag för planering och genomförande* av en mot målen svarande undervisning och för det tredje utgör de *grunden för en utvärdering*.

Om man nu gör tankeexperimentet att flytta över ovanstående mål på den obligatoriska grundskolan, visar sig ytterligare en egenhet hos målskrivningen. Ett sådant experiment visar ganska tydligt på inneboende konflikter mellan tydliga utvärderingsbara mål och grundläggande principer om religionsfrihet för både elever, lärare och föräldrar. Det blir tydligt att det angivna kyrkliga målet hör hemma i en annan kontext än skolans. I det kyrkliga sammanhanget med dess särskilda religiösa och värderingsmässiga förutsättningar ligger målen på ett annat plan. Detta framgår också av Riktlinjer (2007 s 17):

De generella målen för konfirmandarbetet är *att visa på Svenska kyrkans tro och liv* genom att erbjuda konfirmanderna... (kurs. här)

Liksom i tidigare riktlinjer övergår man här från att beskriva särskilda uppnåendemål till att peka på vad man skall göra för att erbjuda konfirmanden att bli subjekt i sitt eget, personliga sökande efter kristen tro och kristet liv i enlighet med den tradition Svenska kyrkan representerar.

Den religiösa grundsynen finns där som en ram kring hela det pedagogiska arbetet. Det tillhör målsättningens karaktär att i kortfattad form fånga upp den bakomliggande religiösa grundsynen och formulera de centrala uttrycken för, vad denna "tro och liv" skulle kunna innebära.

Här finns det också anledning att peka på det sätt man valt att formulera målet för Svenska kyrkans konfirmandarbete. Här blir det mycket tydligt, att man inte tänker sig någon auktoritär förmedlingspedagogisk modell, där färdiga kunskaper skall överlämnas för inlärning, accepterande och tillämpning i en viss livsstil. Tvärtom demonstreras med all önskvärd tydlighet en demokratisk syn på människa och kunskap med stor respekt för den enskilda människans integritet.

Bakgrunden till detta förhållningssätt ligger sannolikt i en teologiskt grundad insikt om att kristen tro alltid måste födas och växa i frihet och aldrig kan framtvingas med tvång. Skrivningen vittnar också om insikten att kristen tro och kristet liv aldrig kan förmedlas på mekanisk väg eller i likhet med intellektuell kunskap kan göras till föremål för pedagogiskt hanterbara mål. Det eftersträvade konfirmandarbetet syftar i stället till att "hjälpa konfirmanderna att själva..." göra sådana upptäckter om den kristna tron på sin livsresa.

Trots denna egenart i den kristna undervisningen illustrerar exemplet flera viktiga principer för ett undervisningsmål. Dess form bestäms av den ideologiska grundsyn som bär upp det aktuella ut-bildningssystemet och får sitt meningssammanhang av detta. Kyrkan och dess företrädare kan säkert hysa förhoppningar om att konfir-mandundervisningen – och kanske också skolans undervisning – skall leda fram till kristen tro och liv. Som mål för en pedagogisk aktivitet kan de emellertid inte användas utan ytterligare preciseringar om förutsättningarna för den pedagogiska insatsen.

Föreställningen om att ett mål i alla sammanhang skall vara så ut-format att det relativt enkelt och med rimlig säkerhet går att mäta och fastställa i vilken grad målen uppnåtts, kan i vissa fall behöva modi-fieras. Här vill jag också påminna om att denna begränsning inte bara gäller mål med inriktning på att tillägna sig en religiös tro. Motsva-rande gäller också de mål i den allmänna skolans som är inriktade på att fostra eleverna till att omfatta exempelvis demokratiska värde-ringar eller sådant som har med personlig utveckling och växt att göra. Också här handlar det om att tillägna sig en slags demokratisk "tro och liv".

I stället för att ensidigt driva kravet på att alla mål, vars uppnå-ende skall vara mätbara och att kanske till och med ensidigt välja sådana mål – och i praktiken också innehåll i anslutning till dessa – kan det ibland vara motiverat att i stället för mätbara mål tala om *intentioner*. Därmed har man gett uttryck för en avsikt med under-visningen men samtidigt från början angett att man inte avser att för-söka mäta resultatet i kvantitativa termer. Detta hindrar inte att det kan finnas goda skäl att ibland formulera sådana intentionella mål. Att ange en slags inriktning på det pedagogiska arbetet

Det kan ju också vara ganska rimligt att tillämpa denna syn, när man exempelvis talar om ett "livslångt lärande", där själva vägen ibland sägs vara resans mål. I detta sammanhang finns det också an-ledning att påminna om sådant jag återkommer till längre fram, näm-ligen skillnaden mellan en utvärdering som inriktas på undervisning-ens slutprodukt och en utvärdering av en pågående lärande- och undervisningsprocess. Mer om detta i kapitel sex.

Tid för samtal och reflektion kring Palmer-citatet i kapitlets början. Inför den fortsatta läsningen om målen för vårt lärande kan det vara på sin plats att fundera en del över vilken kunskap vi eftersträvar och vad som kännetecknar denna kunskap och vad den gör med oss. Håller du med? Får du själv några nya tanker i mötet med Palmer?

Mål kan formuleras på skilda nivåer i en organisation för undervisning. Deras funktion påverkas också av de särskilda villkor som gäller den valda nivån. Eftersom de olika målens särskilda funktion bestäms av dess nivå måste de också tolkas med hänsyn till de villkor som gäller just där. De kriterier som kan ställas på de skilda målen och målnivåerna varierar också med hänsyn till deras position och funktion. Holley (1978, 9ff) anger fyra sådana nivåer: a) allmänna, generella eller övergripande mål, b) stadiemål, c) kursmål eller mål för ämnesområden och d) enskilda lektionsmål. Låt oss fundera lite över vad detta kan betyda. Börja gärna med att studera figur 5 och återvänd till den under den fortsatta läsningen.

Figur 5: Undervisningsmålen fastställs på olika beslutsnivåer

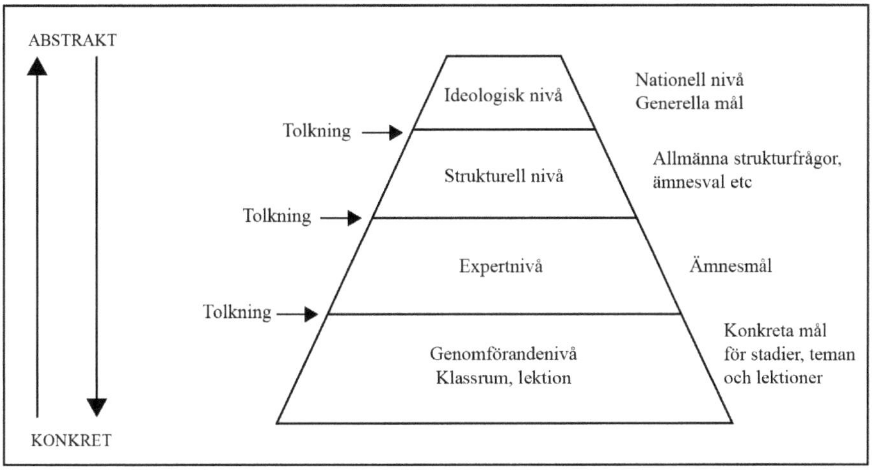

93

a. Generella mål

Mål av den typ som nämnts tidigare bygger på de grundläggande pedagogiska och – i det här fallet också – religiösa principer och värderingar, som omfattas av den för undervisningsprogrammet som helhet ansvariga instansen. Vanligen är man på denna nivå återhållsam med detaljerade föreskrifter. Nedanstående citat visar trots detta, att man också på den övergripande målnivån ibland ger vissa antydningar om lämpliga vägar att nå fram till detta mål. I någon mån berörs också sådant som annars tillhör den praktiska genomförandenivån, det som här benämns som lektionsmål. Beslutsfattarna på den nationella nivån har därmed gett vissa anvisningar för den tolkningsfas som måste följa i *översättningen* från generell nivå till en mera handlingsinriktad nivå.

Ett utdrag ur högskolelagen (SFS 1977:218) får här fungera som exempel på generella mål. Under rubriken "Uppgifter för högskolan" heter det i § 1, att det inom "högskolan skall bedrivas utbildning, forskning och utvecklingsarbete." Därefter beskrivs målen för dessa verksamheter på följande sätt (i sammandrag):

> *2 § Utbildningen inom högskolan skall bygga på vetenskaplig grund.*
> Utbildningen skall anordnas så att de studerande förvärvar kunskaper och färdigheter samt utvecklar sin förmåga att kritiskt bedöma företeelser av skilda slag. Utbildningen skall främja att de studerande förbereder sig för skilda yrken eller vidareutvecklar sig inom yrken som de redan utövar. Inom utbildningen skall kunskaper och färdigheter som har vunnits inom arbets- och samhällslivet i övrigt tas tillvara.
> All utbildning skall främja de studerandes personliga utveckling.
> Som ett allmänt mål för utbildningen gäller att den skall främja förståelsen för andra länder och för internationella förhållanden.
> *3 § Forskningen inom högskolan skall syfta till att vinna ytterligare kunskaper och till att finna vetenskaplig grund för utbildning och annan verksamhet.*
> *4 § Utvecklingsarbetet inom högskolan skall syfta till att främja utvecklingen* inom områden av konstnärlig eller annan karaktär, som berörs av utbildningen och forskningen.

Formuleringen av högskolans mål överlåter åt de mera praxisnära nivåerna, i första hand linjenämnder, avdelningsnämnder och lärare, att i samverkan med de studerande söka sig fram till konkreta former för verksamheten på genomförandeplanet. Målen som sådana är visserligen generella och därmed ganska abstrakta men spränger ändå inte sällan denna ram genom att skicka med ett antal anvisningar om aktiviteter eller förhållningssätt som skall beaktas.

Det är alltså inte alls självklart att högre beslutsnivåer helt avstår från att ge detaljerade och i den meningen frihetsbegränsande målbeskrivningar för underliggande nivåer. Äldre tiders läroplaner kunde exempelvis ofta vara försedda med ganska otydliga målformuleringar men ofta innehålla detaljstyrande anvisningar om vad som skulle läras in. Här uppstår det lätt konflikter mellan exempelvis politiskt uppställda mål och den pedagogiska professionen.

b. Stadiemål

De specifika målen för exempelvis skolans olika stadier och olika grupper i en kyrkas barnarbete får alltså sin inriktning "uppifrån" av de generella, övergripande målen. Tanken är att denna övergripande karaktär skall lämna utrymme för den pedagogiska profession som befinner sig närmare genomförandeplanet. Denna förväntas ha djupare kunskaper om sådant som elevernas allmänna mognad och tidigare erfarenheter samt sådant som karakteriserar och anses vara centralt i det aktuella ämnet. Här kommer exempelvis utvecklingspsykologin in som hjälp att utforma relevanta stadiemål med hänsyn till barns- och ungdomars intellektuella och emotionella förutsättningar. Målen på denna nivå ger underlag för urvalet av innehåll och sättet att bearbeta detta. Dessutom påverkas det pedagogiska arbetet inte endast av kopplingen till de övergripande målen och "praktikernas" kunskaper på genomförandenivån. Hänsyn måste också tas till tidigare och efterföljande "stadier".

c. Mål för ämnesområden och enskilda teman

Denna typ av mål utgår ibland från att vissa innehållsliga områden har föreskrivits som obligatoriska, exempelvis för att ge alla elever en gemensam referensram i form av insikter i den egna kulturmiljöns tradition eller för att av andra skäl säkra en viss ämnesmässig fördjupning och bredd. Utgångspunkten kan också vara motiverad av en önskan att organisera undervisningen i överblickbara enheter. I sådana fall har man i varierande grad övergivit de vetenskapliga institutionernas ämnesstrukturer och organiserat innehållet med hänsyn till den enskilda undervisningens särskilda förutsättningar. Exempelvis har man på senare år valt att låta elevernas egna erfarenhetsvärld vara vägledande för det innehållsliga urvalet och undervisningens uppläggning.

Ur målskrivningen för de samhällsorienterande ämnena i grundskolan hämtar jag följande exempel, som ganska tydligt inriktar sig på förmedlingen av en allmän samhällelig kompetens till eleverna (Lgr 80). Byt gärna ut exemplet mot den målbeskrivning som gäller i ditt eget arbete:

> Skolans samhällsorientering har ett särskilt ansvar för att fostra eleverna till medborgare i ett demokratiskt samhälle. Undervisningen skall ge förståelse för de lagar och normsystem som vårt samhälle vilar på. Den skall också leda till insikt om vikten av att värna om de demokratiska rättigheterna och fullgöra skyldigheterna (s 119...).
>
> Skolan skall hjälpa eleverna att bearbeta frågorna inför livet och tillvaron. Eleverna skall få vidgade kunskaper om den kristna religionen med bibeln i centrum. ...
>
> Eleverna skall också ta del av andra livsåskådningar än de religiösa. Undervisningen skall hjälpa eleverna att utveckla en personlig uppfattning samt förståelse och respekt för andra människors kultur och värderingar. Den skall samtidigt hävda vår demokratis väsentliga värden och klart ta avstånd från allt som strider mot dessa (s 121).

Också för denna typ av mål gäller det att ta hänsyn till både det övergripande målets förpliktande anvisningar och de krav som ställs utifrån elevens förutsättningar och behov där undervisningen bedrivs. Här har den särskilda ämnesexpertisen en viktig plats i samspel med dem undervisningen riktar sig till. Samtidigt vill jag påminna om att också sådana som vi betraktar som experter har gjort sina val. Vilka faktiska kvalifikationer kan ha varit vägledande för dessa experter? Är de hämtade i en tolkning av högskolans ämnesprofessionalitet, dvs det akademiska ämnet eller kan det också finnas utrymme för en mera erfarenhetsanknuten och praktiskt-pedagogiskt inriktad kunskapssyn för det planerade lärandet, undervisningen och fostran?

I kursplanen för Religionsbeteendevetenskap vid teologiska institutionen i Lund, 1-20 poäng (1987), återfinns följande mycket allmänt hållna mål:

> Kursens mål är att den studerande mot bakgrund av de kunskaper och färdigheter som inhämtats i den allmänna kursen i religionskunskap och med utgångspunkt i religionsbeteendevetenskapliga teorier och forskningsresultat skall
>
> • skaffa sig kunskaper om religiöst liv hos individ, grupp och samhälle samt om religiös traditionsförmedling
>
> • skaffa elementära kunskaper om teoribildning och metoder inom religionsbeteendevetenskaperna
>
> • skaffa sig färdighet i att bearbeta frågeställningar av religionsbeteendevetenskaplig art.

Målen är som synes ganska allmänt hållna och ger läraren stor frihet att inom de angivna ramarna forma sin undervisning. Samtidigt finns det anledning att påminna om att också de generella mål som finns upptagna i högskolelagen skall beaktas inom varje del av verksamheten. Hur resultatet blir för undervisningen på kursen som helhet och dess enskilda delar finns det enligt min mening anledning att reflektera över i gemensamma diskussioner inom avdelningsnämnd och mellan lärare och studenter. Motsvarande gäller givetvis också inom andra delar av högskolan.

97

d. Lektionsmål

Slutligen kan man tala om målen för den konkreta undervisningen i klassrummet. Innebörden av dessa framgår av det särskilda sammanhanget. Det är givetvis här i klassrummet och dess många motsvarigheter som avgörandet äger rum, om de övergripande och mellanliggande målen skall förverkligas eller inte. Lärarens eller ledarens *översättningsarbete* eller transformering av målen från övriga nivåer förutsätter inte bara god kännedom om de överordnade målen utan också insikt om de tankar och intentioner som ligger bakom dessa, exempelvis demokratiska värderingar och – i kyrkliga sammanhang – den teologiska grundsyn som gjort sig gällande. I förlängningen till detta ligger också den subjektivitet som aldrig helt kan undvikas, exempelvis i form av lärarens personliga tolkning och uppfattning om de angivna målen och beredskapen och förmågan att förverkliga dessa i en situation, när den personliga grundsynen inte helt stämmer överens med de värderingar som varit vägledande vid tillkomsten av läroplanens mål.

Vad innebär det då att i den konkreta klassrumssituationen ta hänsyn både till de enskilda elevernas intresse och förutsättningar och till anvisade innehållsliga moment? Hur förpliktande och styrande är de övergripande målen och läroplanen som helhet? Vilket "mandat" har läraren eller lärarlaget att fatta beslut om undervisningens innehåll och utformning. Hur delas detta frihetsutrymme mellan lärare, elever och andra som på något sätt har inflytande över undervisningen?

2. Målanalys och måltaxonomier

Lika väl som man kan tala om olika målnivåer finns det olika inflytandenivåer för ett visst pedagogiskt program. Historiskt sett har utvecklingen gått mot en allt större öppenhet och frihet, när det gäller att på underliggande nivåer finna de för den aktuella situationen mest relevanta vägarna att nå de övergripande målen. För att detta inte skall leda till godtycklighet och bristande jämlikhet förutsätter detta en tydlighet i de principiella förutsättningarna för de generella målen. Först när man på de olika genomförandenivåerna förstått de bakomliggande intentionerna blir det möjligt att på ett adekvat sätt förena de ofta mycket skiftande förutsättningarna på genomförandenivån med de ideologiskt grundade generella målen.

Produkt- eller processinriktade mål

Inom den vetenskapliga debatten kring målen har på senare tid förhållandet mellan *produkt och process* ställts i fokus. Ofta har kritik riktats mot en alltför ensidig inriktning på slutprodukten. Bakom denna diskussion ligger inte endast viktiga principiella åsiktsskillnader i synen på människan och kunskapens karaktär utan också förskjutningar i synen på själva lärandeprocessen och vad undervisningen skall tjäna för syften.

Om man nämligen vid sidan om betydelsen av sådant som "faktakunskaper", ämnesmässig systematisering och liknande också vill ge utrymme för individens personlighetsutveckling, förmågan att själv skaffa sig kunskaper och att själv producera kunskaper, leder detta med nödvändighet till att intresset flyttas från en ensidig fokusering på vad det genomförda undervisningsprogrammet uppnått (produkt, resultat) till att rikta uppmärksamheten på den pågående processen, där de eftersträvade färdigheterna och kunskaperna tränas och utvecklas i ömsesidig medverkan.

Det ingår inte i uppgiften för denne introduktion att ytterligare fördjupa denna diskussion. Var och en som arbetar med målanalyser måste se till att frågor av den typ som nämnts blir beaktade. Till stöd för detta använder jag mig av ett vid det här laget ganska gammalt men ändå användbart fortbildningsmaterial för lärare, *Religionskunskapen och Lgr 80* (1982). På ett lättillgängligt sätt tar man här upp produkt-process-frågan till behandling. Jag återkommer till detta i kapitel sex om utvärderingen. Först ändå något om målanalysens förutsättningar och ett par modeller för en sådan analys.

99

a Några förutsättningar för en målanalys

De undervisningsmål som tidigare citerats riktar in sig på ganska olika delar av en lärandeprocess. Tidigare professorn i pedagogik i Lund, Göte Klingberg (1976) anger fyra sådana typer av målbeskrivningar. De kan lägga fokus på:

1 uppräkning av stoff;
2 beskrivning av aktiviteter, som förväntas äga rum;
3 beskrivning av lärarbeteenden och
4 beskrivning av förväntade resultat av undervisningen i form av förändrade beteenden hos eleverna.

Alla dessa typer av direkta eller indirekt uttalade mål kan med lätthet beläggas i äldre och nyare läroplaner. I dag skulle man kanske också vilja föra in andra begrepp än det något formalistiska ordet "beteenden" för att beskriva kunskaper, värderingar och färdigheter. I det följande begränsar jag mig till att i huvudsak diskutera målformuleringar enligt den fjärde typen.

Vi har då att till en början undersöka om det eftersträvade målet i ett visst undervisningsdokument föreligger *explicit* uttalat, dvs tydligt formulerat, eller om det endast föreligger *implicit* i texten och måste lyftas fram ur denna, dvs tolkas utifrån vad texten som helhet ger uttryck för. I boken *Kyrkans utbildning* (1978) anges målet på följande sätt:

> Med utgångspunkt i en helhetssyn på människan och en helhetstolkning av det kristna budskapet skall målet för kyrkans utbildning vara att en levande och förpliktande relation upprättas mellan människan och hennes frälsare (s 35).

Undervisningen syftar alltså till en *förändring*. I detta fall rör det sig knappast – i varje fall inte uttryckligen – om förvärvande av specifika kunskaper och färdigheter utan om någon form av livshållning. Skrivningen har försetts med en ram, som förmodligen vill uttrycka någon form av kvalitativ aspekt på det mål man vill uppnå. Själva ordvalet är så teologiskt laddat att formuleringen kräver en ganska omfattande tolkning med hjälp av bokens diskuterande delar och den teologi som ligger till grund för texten som helhet. Målbeskrivningen har valt en allmänt hållen information om undervisningens syfte men kan ändå tjäna som utgångspunkt för planering och utvärdering av olika typer av lärande, undervisning, fostran och utbildning för den som är någorlunda insatt i den kyrkliga kontexten.

Otydliga målformuleringar kan ofta med hjälp av sammanhanget preciseras och ges en tydligare struktur. En omskrivning, då otydliga, eller öppna formuleringar ersätts med mera precisa, kan vara en väg. Vidare kan det finnas anledning att undersöka om den angivna målformuleringen verkligen – explicit eller implicit – innehåller de båda grundelement som enligt Klingberg bör känneteckna en målbeskrivning, nämligen 1) ett lämpligt verb som anger åsyftat "elevbeteende" och 2) ett objekt för detta "beteende", dvs målets innehållsliga område, med andra ord en form av önskvärd tydlighet.

Vidare förutsätter en målanalys ett fastställande av målets karaktär och legala status. Ett generellt, övergripande mål undviker exempelvis eller är åtminstone återhållsamt när det gäller att blanda in uttryck för delmål som hör hemma på klassrumsnivån. De generella målens höga abstraktionsnivå innebär, att de ger utrymme för många olika tolkningar i översättningsledet, där hänsyn kan tas till den särskilda lärandemiljön. Samtidigt har de övergripande målen ofta en förpliktande legal status genom att vara fastställda av högsta beslutande nivå, exempelvis riksdag eller andra organ med någon form av myndighetskaraktär eller av ett centralt organ inom en kyrka. I det senare fallet är dessutom variationerna stora beroende på den allmänna ledningsstruktur och demokratisyn som råder i den aktuella kyrkan.

En uppgift för målanalysen kan handla om att undersöka hur mål på olika nivåer och även på samma nivå förhåller sig till varandra. Finns det ett tydligt sammanhang mellan nivåerna? Föreligger det en linje för undervisningen med en logisk uppbyggnad av kunskaper och färdigheter? I det följande ska jag presentera och kommentera ett par klassiska så kallade måltaxonomier.

b Kognitiva och affektiva måltaxonomier

En viktig aspekt för en målanalys är frågan om vilken typ av kunskaper som efterfrågas. Mål kan i det ena fallet lägga fokus på intellektuella kunskaper på det *kognitiva* området. Andra kan inrikta sig en *affektiv* eller *emotionell* utveckling och en tredje på praktisk *färdighetsträning*. Åtskilliga försök har gjorts att utveckla mer eller mindre heltäckande hierarkiska scheman inom vart och ett av dessa områden, så kallade *taxonomier*, en systematiskt ordnad hierarki och klassificering av eftersträvade kunskaper.

Intresset för denna detaljerade klassificering har på senare tid minskat bland annat på grund av en växande insikt om människans komplexitet och den pedagogiska verksamhetens begränsning. En annan risk med scheman av denna typ kan vara att de kan framstå som så heltäckande för vad som är den eftersträvade kunskapen att andra områden hamnar utanför synfältet. Det bör också påpekas, att de olika kunskapstyper som benämns, de kognitiva, emotionella och de färdighetsinriktade ofta inte kan hållas åtskilda.

Är man medveten om taxonomiernas begränsningar, kan de ändå vara till hjälp vid en systematisk analys av de typer av mål som en viss undervisning eftersträvar. För min del anser jag att en klok och kritisk användning kan bidra till en konstruktivt planerad undervisning med en stegvis ökande kravnivå.

Hänsyn kan tas till barnens utveckling och ämnets krav genom att undervisningens tyngdpunkt planmässigt varierar mellan de affektiva och kognitiva områdena efter de krav som situationen kräver. Det är ett känt fenomen att vissa examinationsformer har en tendens att gynna framför allt kognitiva färdigheter på en relativt okomplicerad nivå av den enkla anledningen att sådana kunskaper är lättare att mäta än andra och att en sådan utvärdering därför kan ge en känsla av säkerhet och trygghet för de inblandade parterna. Insikter om den här typen av problem har betydelse för praktiskt taget varje form av undervisning och utvärdering.

Jag återger här ett sammandrag av de båda mest kända taxonomierna av Bloom & Krathwohl (1964). Den typ av mål som kanske är lättast att känna igen och som används i störst utsträckning är de mål som hör hemma på det *kognitiva området*.

Lista 3. Kognitiv måltaxonomi

1 Kunskap (knowledge); exempelvis enskilda fakta, enkla begrepp, arbetssätt, enkla insikter om principer och generaliseringar;

2 Förståelse (comprehension); en enklare form av förståelse, att på ett enkelt sätt förstå metaforer, känna igen ironi, överdrifter, symboler, orsakssamband;

3 Tillämpning (application); förmåga att använda abstraktioner, att med hjälp av erfarenheter med ett material påvisa fakta, dra slutsatser om hur andra likartade fakta förhåller sig till varandra eller kan bearbetas;

4 Analys (analysis); förmåga att dela upp en information i enskilda delar (element), att inse relationerna mellan elementen och de bakomliggande strukturerna;

5 Syntes (synthesis); förmåga att sätta samman delar till helheter, exempelvis att muntligt eller skriftligt sammanfatta, uttrycka erfarenheter och tankar, uppställa och utveckla en plan för exempelvis en undervisningsenhet, uppställa principer för en hypoteskontroll;

6 Värdering (evaluation); förmåga att kritiskt bedöma värdet av ett material, metoderna för att uppnå vissa mål, omdöme om den inre logiken i en framställning samt förmåga att tillämpa andra kriterier för att pröva hållbarheten i uppställda teser.

Betydligt svårare är det att arbeta med *det affektiva området* om man eftersträvar att formulera mätbara mål. De former av mål som hör hit upplevs ändå ofta i hög grad eftersträvansvärda. Även om det kan vara mera komplicerat att mäta graden av måluppfyllelse finns det därför anledning att uppmärksamma också dessa.

103

Lista 4. Affektiv måltaxonomi

1. Sensibilitet (recieving; attending); medvetenhet om att något existerar, beredskap att ta emot intryck, impulser, meddelanden; kontrollerande eller utväljande uppmärksamhet;

2. Respons (responding); accepterande (ännu passiv) beredvillighet att följa anvisade regler; villighet till avsedd respons;

3. Värdesättande (valuing); (positivt) accepterande av visst värde; vissa värden föredras framför andra (väljer bland alternativ); engagemang för vissa värden, exempelvis religiös tro, gentemot vissa grupper, samhällsförändring osv;

4. Organisation (organization); systematisering av värden; organisering i inbördes relation; ställningstagande för och emot i sammanhängande strukturer;

5. Värdemässig integration ((characterization by a value or value concept); att som person vara präglad av en viss grundsyn eller ett värderingssystem; beredskap att i förhållande till detta ompröva, ifrågasätta, förändra och fördjupa den egna hållningen mot en allt mer fördjupad personlig integration.

Både den kognitiva och affektiva taxonomin beskriver en sammanhängande och samtidigt stegrande grad av komplexitet. Utifrån detta kan man också tala om olika kravnivåer, när det gäller uppställda mål. Inte minst inom det teologiska området finns det anledning att undersöka läroplaner och kanske ännu mer undervisningens olika nivåer för att se hur *spridningen* mellan de olika nivåerna ser ut.

En stark inriktning på kognitiva kunskaper och uttalade förväntningar på säkerhet i mätningarna av måluppfyllelsen kan, som jag tidigare påpekat, leda till ensidighet i val av innehåll och former för undervisning och utvärdering genom att viktiga innehållsliga områden på en mera avancerad nivå utelämnas eller trängs undan. I sammanhang där exakthet och entydighet i utvärderingen eftersträvas kan det föreligga en risk att mål inom det kognitiva området premieras framför mera otydliga mål av annat slag och att dessutom dess mål på de lägre kravnivåerna gynnas, därför att uppnåendet av dessa är lättast att mäta och kontrollera.

3. Är det meningsfullt att tala om mål för pedagogiska processer i familj och massmedia?

För familjens lärande, fostran och undervisning formuleras sällan mål av den typ som återfinns i läroplaner. Det kan ändå ha sitt intresse att också lära känna och tydliggöra de ofta outtalade syften som föräldrar kan ha med sin fostran. I allmänhet föreligger någon form av oskrivna mål, som det kan vara av värde att försöka lyfta fram – inte minst för föräldrarna själva. Ett annat nog så viktigt skäl kan vara att en sådan tydlighet kan underlätta ett konstruktivt samtal och fördjupad förståelse av vad det innebär att bedriva den här typen av spontan pedagogisk verksamhet.

Samarbetet mellan förskolan och hemmet kan vara ett motiv till att skaffa sig kunskaper om vanliga riktmärken i familjens fostran. Ur religionspedagogisk synpunkt ligger det också nära till hands att diskutera, hur exempelvis målen för en kyrkligt orienterad föräldrautbildning skulle kunna se ut eller hur en vidareutveckling av familjearbetet och dopuppföljningen skulle kunna utformas. Ett sådant arbete förutsätter kunskaper, bland annat om hur möjliga riktpunkter för kristen fostran i familjen skulle kunna se ut. Tidigare har jag refererat till ett norskt familjepedagogiskt projekt med relevans för detta sammanhang (Evenshaug & Hallen 1980).

Kyrkornas lokala målsättningar för arbetet bland barn och unga kan ofta skilja sig ganska markant från de övergripande mål som formulerats på nationell nivå. Länge avstod man från att formulera sådana lokala mål, även om det under senare år skett en betydande förändring på detta område. Ett tydligt exempel på detta är arbetet inom Svenska kyrkans församlingar med att ta fram lokala församlingsinstruktioner för arbetet med de fyra olika dimensioner som ingår i församlingens "grundläggande uppgift", dvs att fira gudstjänst, anordna undervisning, bedriva diakoni och mission.

Ett exempel på en tidigare – förmodligen vanlig situation – visar Ingegerd Sjölin och Birgitte Thaning (1989) i sin undersökning av några församlingar i Örebro. Allmänt sett sammanfattar de barnverksamhetens syfte i religiösa och sociala mål, varvid man vanligen understryker betydelsen av verksamhetens kristna profil, som enligt denna studie framträder i fyra huvudformer. Verksamhetens syftar till:

- att vara inkörsport till kyrkan, lära sig hitta till kyrkan och veta hur den ser ut
- att vara inkörsport till församlingen, för ökat engagemang i församlingen
- att förmedla kristna värderingar
- att förmedla kristen tro.

Sammanställningen visar prov på den typiska blandningen av beskrivningar av vad man avser att *göra* och det man vill *uppnå*, dvs egentliga mål. En jämförelse med övriga exempel som jag tidigare refererat till visar att också mera bearbetade mål kan ha ett liknande utseende. För ett fortsatt arbete i de lokala församlingarna kunde det förmodligen vara fruktbart med en fördjupad bearbetning av vad man egentligen vill med sitt arbete. Detta kan vara till hjälp även om det inte mynnar ut i preciserade målbeskrivningar utan stannar vid försök att förtydliga den egna identiteten och dess konsekvenser för den pedagogiska aktiviteten.

När det gäller *massmedia* föreligger olika typer av formulerad policy, etiska regler och andra riktlinjer. Dessutom har olika typer av normer utvecklats på det individuella planet, exempelvis bland grupper av massmediaarbetare. De olika typer av mål som låter sig identifieras kan lika litet som målsättningar i andra sammanhang utan vidare betraktas som de enda styrande faktorerna för den bild av exempelvis religion som massmedia förser oss med. De uttrycker ändå sanktionerade intentioner och utgör som sådana en värdefull källa till kunskap om vägledande värderingar på området.

Ett par exempel på mål inom detta område kan förtydliga vad det kan handla om. Jag börjar med att återge delar av *Religionsradions målskrivning* från 1980:

Textutdrag 2. Riksradions målskrivning från 1980

Riksradion har

- att i radiomässiga former erbjuda möjlighet till religiös upplevelse och reflexion i form av gudstjänster, andakter, musik och meditativa program samt att inom detta område själv verka initierande och nyskapande,
- att tillgodose de lyssnargrupper som står utanför det organiserade kyrko- och samfundslivet med upplevelse, meditation och reflexion kring livsåskådningsfrågor,
- att i olika typer av program, bland annat i reportage, undersökande och dokumentära program informera om, spegla och granska olika riktningar nationellt och internationellt, i fråga om religion och livsåskådning,
- att göra attitydskapande program i fråga om de grundläggande värden som den demokratiska människosynen innebär,
- att tillgodose barns behov av orientering i religion och livsåskådning i form av information, reflexion och upplevelse samt
- att beakta olika invandrargruppers behov av gudstjänstprogram på respektive hemlands språk.

En fortsatt analys av denna målbeskrivning kan ske efter olika linjer. En aspekt kan vara att se hur religionsredaktionens målbeskrivning förhåller sig till de övergripande mål som vid samma tid gällde för Riksradion och Sveriges radio som helhet. I övrigt kan man se hur flera grundsynsfrågor blir tydliga och hur målen orienterar sig både mot det kognitiva och det emotionella området. Larsson (1984) har i en analys av produktionen av religiösa magasinsprogram under ett år berört frågor av måluppfyllelse i denna verksamhet.

Som en jämförelse återges följande klipp från 2014, där Sveriges radio beskriver sitt uppdrag avseende det som här sammanfattas under begreppet "livsåskådning" (Public Service-handbok (2014, s 46)

Utdrag ur Sveriges Radios uppdrag på temat Livsåskådning

5:15 LIVSÅSKÅDNING

I vårt uppdrag ligger att spegla den religiösa mångfald som idag präglar Sverige och det ska höras i de reflekterande och religiösa programmen.

Kravet på opartiskhet gäller självfallet inte själva förkunnelsen av en tro. För t ex gudstjänster som vi sänder gäller vidsträckt yttrandefrihet i radion men med hänsyn till den religiösa förkunnelsens suggestionskraft och auktoritet ska förkunnelsen inte innehålla partseller personangrepp eller uttalanden av partipolitisk karaktär. Ansvarig producent måste alltid upplysa utomstående medverkande om detta.

Vi kan inte erbjuda genmäle när det gäller själva förkunnelsen av en tro men i reflekterande program där aktuella frågor behandlas ska reglerna om bl a opartiskhet och saklighet följas.

I ett mediepolitiskt dokument från 1983, hämtat från några kyrkor i Schweiz, redovisas en rad "kyrkliga positioner" i mediefrågor, som skulle vara vägledande för deras framtida ansvarstagande inom området. Också detta kan ses som en form av ett måldokument:

    a.   Inför kommande mediepolitiska beslut ligger det på kyrkornas ansvar att en biblisk människosyn och ett kristet ansvarstagande kan göra sig gällande,

    b.   Kyrkorna skall verka för att...de som är verksamma i medierna erhåller nödvändig utbildning... och det stöd de behöver... att medierna hålls fria i förhållande till ideologiskt och kommersiellt inflytande, ...

    c.   ...

    d.   Utifrån sitt själavårdande och sociala uppdrag engagerar sig kyrkorna för att människor skall lära sig umgås med medierna på ett självständigt sätt och att själva kunna artikulera sig i medierna.

För den teologiska forskningen utgör idag policyfrågorna kring det kyrkliga engagemanget på det massmediala området ett aktuellt men föga undersökt område. Jag tänker mig att ett fördjupat studium har anledning att ställa frågor kring engagemangets principiella bas, den pågående respektive planerade verksamhetens samstämmighet med de övergripande principiella riktlinjerna för kyrkornas arbete och det gemensamma ansvaret i samhället och för de enskilda människorna. Ett ansvar som delas av både medieföretag, kyrkor och enskilda.

Kapitel 5
Lärandeprocessen

I varje klassrum finns i verkligheten tre samtalsparter:
läraren, den lärande och själva ämnet (subjektet) för studierna. ...
Praktiserad lydnad för sanningen
kräver inte bara att vi lyssnar till varandra
utan också till det aktuella subjektet.
Vi behöver hitta sätt att ge subjektet sin egen röst,
en röst med förmåga att uttrycka sin egen sanning...

(Palmer 1993, 98)

1. Samspel i växandets många miljöer

Under samlingsbegreppet "lärandeprocess" tar jag upp fyra var för sig mycket komplexa områden inom lärandeprocessen som helhet, nämligen *elev, lärare, innehåll* och *metod*. Redan begreppen i sig är svåra att använda utan närmare bestämning.

I föregående avsnitt har undervisningens mål, dvs det som hör samman med pedagogikens *"vartill-fråga"* diskuterats. Den här delen inleds men några tankar om *"Vem-frågan"*. Här handlar det om de personer som finns med på "spelplanen". De som vanligen kallas

elever eller barn, lärare, ledare, övriga deltagare, åhörare, samtals-
partners eller andra, beroende på den situation eller plats, där läran-
det, undervisningen och fostran äger rum *("Var-frågan")*. Också
inom dessa områden, liksom i alla andra sammanhang, spelar den
grundsyn om människan, kunskapen och samhället/kyrkan som gör
sig gällande en avgörande roll.

Läraren eller ledaren – som jag gärna kallar *medvandraren* kan
beskrivas på många olika sätt, exempelvis som expert, handledare,
förälder, mediearbetare osv. När jag använder ordet *medvandrare* vill
jag markera tanken på en person som går tillsammans med andra,
kanske som vägvisare på upptäcktsfärd, en som hjälper andra att hitta
sin kunskap men som också själv deltar i lärandet. Om detta sist-
nämnda inträffar, flyter rollerna samman mellan dem som "går till-
sammans" i ett dynamiskt växelspel. Läraren som ofta framställs som
det viktigaste redskapet för lärandet blir själv en som deltar i läran-
det. Därmed blir samtliga deltagare med sina olika erfarenheter och
kompetenser en tillgång för ömsesidigt delande.

Innehållet *("Vad-frågan")* ställer oss inför komplicerade frågor
om val av innehåll med hänsyn till ämnet, nivåer, förkunskaper och
individuella variationer. Exempelvis behöver vi ta hjälp av sådant
som läroplansteori, urvalskriterier och organisation av innehåll. Sva-
ren på de frågor som här inställer sig växlar med den aktuella peda-
gogiska miljön, deltagarna och de yttre förutsättningarna och inte
minst hur vi ser på värdet av olika former av kunskap.

Metodiken *("Hur-frågan")* för oss tillbaka till samspelet i proces-
sen som helhet, där metodfrågorna inte alltid hållits på sin plats som
tjänare åt helheten. I dag tror jag ändå att de i stor medvetenhet un-
derordnas och samordnas med grundsyn, mål, innehåll och person-
krets. Samtidigt skall det sägas att också sättet att arbeta, dvs meto-
den, ofta ger sitt egna bidrag till den kunskap och de erfarenheter
som växer fram i lärandeprocessen. *Vägar till kunskap* kan passa
som ett sammanfattande begrepp för detta avsnitt om de pedagogiska
arbetsformerna.

Det finns alltid något som ligger före och utanför den särskilt anordnade lärandeprocessen. Var och en som träder in ett rum för lärande bär med sig erfarenheter och värderingar. Det bidrar till att man aldrig med bestämdhet kan förutse på vilket sätt intentionerna med undervisningen uppfattas och förverkligas i själva undervisningen. Använder vi den svenska grundskolan som exempel blir detta tydligt.

Där finns en av riksdagen antagen läroplan. Lagstiftningen talar om att undervisning i enlighet med denna är obligatorisk. Detta är den grundläggande normen eller vägmärket. Sedan kommer den så kallade verkligheten, själva genomförandet. Hur ser denna ut i den enskilda kommunen, skolan och i det enskilda klassrummet? Och för den enskilde eleven och läraren? Trots alla försök att åstadkomma en likvärdig undervisning för alla är det svårt att alltid leva upp till detta på grund av en mängd påverkande faktorer.

Figur 6: Lärandeprocessens samverkande faktorer interagerar med varandra efter många tänkbara mönster. Relationerna bestäms av den pedagogiska grundsyn som gör sig gällande inom lärandeprocessens ram.

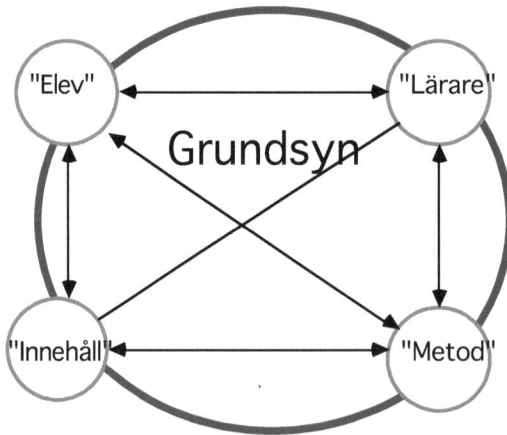

Lägg märke till att jag satt de fyra nyckelbegreppen inom anförings-
tecken. Anledningen är att jag vill låta dem stå öppna för de skif-
tande innebörder jag ger exempel på i framställningen.

Också andra institutioner eller former av mänskliga relationer
med pedagogiska funktioner såsom kyrkan, familjen och massmedi-
erna lever i olika former av samspel och spänning mellan undervis-
ningens syfte och praktik och de utanför "rummet" liggande påver-
kansfaktorerna. Vi går aldrig in i en pedagogisk process som helt
saknar påverkan av sin historia och samhällskontext. Det innebär att
de skilda miljöerna i ett samhälle på en gång är unika och särpräg-
lade men samtidigt formade av gemensamma element och beröringspunkter.

De följande avsnitten tar upp några generella frågeställningar som
sedan kompletteras med exempel från olika miljöer. Självfallet kan
det bara bli frågan om att ge några smakprov på frågeställningar med
anknytning till den pedagogiska processen.

---

*Så kan det vara tid för en liten samtalsrunda om kapitlets inledande
citat.* Lägg märke till och fundera över Palmers underfundiga tanke
om tre samtalsparter. I annat sammanhang argumenterar han utförligt
för ett samspel mellan lärare och elever, där de alla söker kunskap i
det "ting" de för tillfället studerar. Där detta "ting" förvandlas från
objekt till ett subjekt vi lyssnar till.

---

2. Människa i växandets livslånga process

I anslutning till avsnittet om den pedagogiska grundsynen anmälde
sig osökt frågan om människosynen. Vad är det för en människa vi
ser framför oss, när vi tänker på undervisning, fostran, lärande, väx-
ande och mognad? De välbekanta orden från inledningen till Lgr 80
talar om eleven som en

> aktiv, skapande människa som kan och måste ta ansvar för och söka
> kunskap för att i samverkan med andra förstå och förbättra sina egna
> och sina medmänniskors livsvillkor.

113

Alla är kanske inte beredda att instämma i denna syn på eleverna i den svenska grundskolan. Personliga erfarenheter kanske berättar om något helt annat. Om vi för tillfället bortser från detta kan vi ta hjälp av en omfattande forskning kring barn och ungdom. Tack vare denna har vi i dag ganska goda kunskaper om unga människor, deras attityder, psykologiska och sociala förutsättningar för lärande.

När det gäller vuxnas lärande har intresset för forskning vuxit under senare tid. En anledning till detta kan vara den allmänna utvecklingen i samhället med ett växande behov att ta vara på dem som ibland kallats som "begåvningsreserven". Därmed avsågs förmodligen lågutbildade personer, som fick sin grundläggande skolgång under en period då endast några få i varje årskull gick vidare till högre studier. Ett annat skäl är det växande behov av fortbildning och anpassning till snabbt växlande behov av ökad kompetens att möta nya utmaningar.

Vilka kunskaper om människan är det då vi kan behöva för att kunna bedriva en framgångsrik undervisning och fostran? Frågan kan inte besvaras utan att också uppmärksamma frågorna om samspelet mellan människosynen och kunskapssynen och samhällssynen.

Låt mig förtydliga detta. Om man exempelvis utgår från ett vertikalt strukturerat samhälle, där maktfördelningen med överhet och undersåtar är stabil och tydlig, löser sig de pedagogiska uppgifterna ganska enkelt. Enskilda individers svårigheter att lära det förelagda kunskapsstoffet, exempelvis katekesen och dess förklaringar, möttes en gång i tiden med stränghet och till och med bestraffningar. Det tillhörde den rådande samhällsordningen att fostran till lydnad och inordning i gällande normsystem kunde understödjas av yttre maktmedel.

I ett modernt samhälle, där individens frihet blivit större och där lärande och inhämtande av kunskaper förutsätter den enskildes aktiva medverkar, ökar också behovet av kunskaper om hur människan fungerar i en sådan pedagogisk process. Så länge dessa kunskaper om människan – antropologin – stannar på ett filosofiskt plan finns det åtskilliga mer eller mindre omfattande beskrivningar om *"vad hon (människan) är, vad hon bör vara och vad hon kan utvecklas till"*, för att citera den komprimerade sammanfattningen hos Egidius (1981, 7).

Vänder vi oss till den empiriska forskningen rör vi oss inom en mera begränsad tidsrymd. Några exempel på forskningsområden inom den pedagogiska psykologin som under en period stod i centrum var inlärningspsykologin och minnespsykologin. Här handlar det och exempelvis om människans förmåga tillägna sig och bibehålla olika motoriska färdigheter, intellektuella kunskaper och attityder. Frågan om minnesfunktionerna och möjligheten att effektivisera inlärandet genom olika metodiska tekniker såsom belöning och straff stod länge högt på dagordningen.

Även om mycket har hänt sedan Pavlovs experiment med betingade reflexer, Skinners empiriskt grundade inlärningsteorier och deras många efterföljare, lever fortfarande intresset kvar för själva grundfrågan om hur man bäst åstadkommer en effektiv, rationell och tekniskt fulländad kunskapsförmedling. Den kritiska diskussionen fortsätter i dag med andra teoretiska utgångspunkter kring problemen om hur ett framgångsrikt lärande egentligen går till, kan stimuleras och underlättas (Marton m fl 1989).

En växande insikt om att människan är mer komplicerad än inlärningsteoretikerna antog har drivit fram andra grenar inom den pedagogiska psykologin. Dit hör utvecklingspsykologin, som i första hand intresserat sig för den kognitiva (intellektuella) utvecklingen under barn- och ungdomsåldern, även om senare tiders forskning också ägnat sig åt motsvarande frågor inom övriga åldersgrupper. Till de i pedagogiska sammanhang mest kända personerna hör Jean Piaget med sina arbeten om utvecklingen av barns tänkande. Till de kognitivt inriktade psykologerna med stor betydelse för pedagogiken hör också amerikanen Jerome S. Bruner.

Här hittar vi också direkta förbindelser med religionspedagogiken genom exempelvis Ronald Goldmans tillämpning av Piagets teorier på religiöst stoff. I samma tradition befinner sig också det stora UMRe-projektet (*Undervisningsmetodik – Religionskunskap*), som startade i Sverige mot slutet av 1960-talet.

Här finns det anledning att återknyta till sambandet mellan skolteori, kunskapssyn och psykologi. UMRe-projektet utgick från samhällsuppdraget att meddela en religionsundervisning som kunde uppfylla kraven på en objektiv orientering om den kristna traditionen. Detta var ett typiskt intellektuellt sätt att närma sig religionen, något som kan anses höra samman med själva inriktningen på "orientering" och "objektivitet". Andra dimensioner i den religiösa traditionen, såsom upplevelse och personligt engagemang hamnade därmed utanför blickfältet under ganska lång tid. Förutom de värderingar som då stod i centrum hängde detta förmodligen samman med svårigheten att hantera dessa "mjukare" former av lärande i en skola som strävade efter förmedling av "objektiva" kunskaper.

Medan den pedagogiska psykologin ägnar sig åt människan som individ och personlighet ger sociologin kunskaper om människan som social varelse. Av stor betydelse för pedagogiken blir här den socio-psykologiska forskningen, som ger oss kunskaper om hur människor i sin sociala kontext påverkas och formas som individer och grupper i samhället. Också här finns det många kopplingar till det religionspedagogiska området, vilket också framgår av den omfattande litteratur inom sociologin, religionssociologin och socialpsykologin, som behandlar personlighetens utveckling och övertagandet av normer och normsystem.

Inom ramen för UMRe-projektet publicerades 1971 en omfattande litteraturöversikt över empiriska undersökningar rörande undervisning, attityd och mognad på religionens område (Fägerlind & Sjöberg). Denna utgör fortfarande en användbar källa för den som vill orientera sig i forskningen på området fram till omkring1970. För tiden därefter kan jag ingen liknande sammanställning utan hänvisar var och en till att söka sig fram alltefter de problemområden som skall belysas.

Sedan åtskilliga år har intresset för attitydundersökningar bland i första hand tonåringar varit stort och avsatt en rad forskningsbidrag. Som exempel kan nämnas den svenska *Tonåringen och livsfrågorna* (1969) och Nipkow, *Erwachsenwerden ohne Gott?* (1987), som omfattar flera åldersgrupper.

Andra teman inom forskningen behandlar den religiösa och moraliska utvecklingen under olika åldersstadier. Bland bidragen här kan särskilt sådana som Lawrence Kohlberg, Fritz Ozer och James W Fowler nämnas. En god introduktion och samtidigt en kritisk granskning av dessa ger Friedrich Schweitzer, *Lebensgeschichte und Religion* (1987).

Kunskaperna om människan i den pedagogiska processen växer ständigt. Den viktiga frågan just nu är enligt min mening hur dessa kunskaper kan tas till vara och användas i praktiskt pedagogiskt arbete. Här liksom i andra sammanhang är det viktigt med en kritisk reflektion över vilka värderingar som styr användningen av dessa kunskaper. De kan exempelvis tas i tjänst för pedagogiska idéer, som man inte alls sympatiserar med, exempelvis att människan/eleven ses som ett passivt och mottagande objekt för kunskaper och färdigheter som det omgivande samhället (eller kyrkan) med skilda motiv förväntar sig att medborgarna skall ta till sig. Forskningen kan i sådana fall användas som manipulativa redskap för en effektivisering av en lärandeprocess som bestäms av andra intressen än den enskilda människans önskan och behov.

Det finns alltid ett behov av kritisk medvetenhet i bruket av de kunskaper om den lärande människan som forskningen förser oss med. Det demokratiska värderingssystem vi förmodligen alla delar utmanar oss till en kritisk prövning av sättet att använda den tillgängliga kunskapen i tjänst för människans och hela den mänskliga gemenskapens skull. Kritiska frågor att ställa sig kan vara hur lärandet och forskningen kan bidra till att människor utvecklas till frihet, självständighet och ansvarstagande, där individens behov och intresse hålls samman med den större gemenskapens behov?

117

Folkbildningsarbetets pedagogik har enligt min mening brutit ny mark på det här området genom att sedan lång tid praktisera en dialogisk form för lärande, där deltagarnas egna erfarenheter och behov varit vägledande. Problemen kring ett framgångsrikt lärande och hindren som kan ligga i vägen blir mindre, om den enskilda människans behov och frågor ställs i centrum. Samma sak gäller också det utvecklingspsykologiska området, om betoningen läggs på alla deltagares aktiva medverkan i en lärandeprocess, där olika erfarenheter och olikheter i kunskaper och färdigheter ses som berikande möjligheter och komplement.

3. Ledare – lärare – medvandrare

J. E. Pernemans översikt, *Forskning och folkbildning* (1980), tar upp frågorna om lärarens förväntade kvalifikationer och utbildningen av lärare inom den folkbildande vuxenundervisningen. Själva problemställningen är gammal i den pedagogiska forskningen. Lärarpersonlighetens betydelse har under vissa perioder tillmätts en mycket avgörande betydelse och kan antas öka i takt med att mål och innehåll inriktas på värderingsfrågor och livshållning, dvs sådant som rimligtvis utgör centrala teman i undervisningen om religion, tro och livsåskådning både i skola och kyrka.

Från grundskoledebatten känns konflikten igen mellan å ena sidan en ämnesmässig kompetens och å andra sidan en helhetssyn på lärandeprocessen. Då kan det handla om att utöver själva kunskapsförmedlingen ta hänsyn till sådant som de socialt betingade behoven som hör samman med antalet lärare som möter eleverna. Kompetensfrågan har ofta begränsats till ämnesmässig kunskap och förmåga att sakkunnigt och levande behandla ett visst kunskapsområde men den har också en social sida. Frågan kan också relateras till en sådan typ av kunskapssyn som exempelvis bygger på en av Paulo Freire inspirerad pedagogik, där ansatsen tas i deltagarnas gemensamma erfarenhet i samhället och där gruppens medlemmar blir varandras resurser under vägledning av läraren/medvandraren till att kritiskt reflektera över sin tillvaro.

Det jag vill understryka är att lärarkompetens och utbildning av lärare (ledare) alltid måste relateras till det aktuella undervisningsprogrammets idémässiga bas och vad man utifrån detta har att säga om den kompetens som krävs för att söka sig fram mot att förverkliga syftet med lärandet, undervisningen och fostran.

Forskningen om läraren och lärarrollen är inte på långt när så omfattande som den vi kunde hänvisa till ifråga om eleven. Några exempel kan ändå nämnas.

Andreas Feige (1988) har på tysk mark undersökt evangeliska religionslärares arbetsförhållanden och funktionsföreställningar i relation till deras kyrkliga kontext. Problemställningen har sin speciella förutsättning i en situation där läraren genom den västtyska författningen är förpliktad att bedriva en undervisning som står i överensstämmelse med de religiösa gemenskapernas grundsatser, som det heter (Grundgesetz § 7). Det kan vara rimligt att läraren med sådana förutsättningar upplever att de har en exkluderande särställning i kollegiet och att de inför sina vanligen sekulariserade elever uppfattas som kyrkans företrädare snarare än den allmänna skolans.

Den dominerande pedagogiska inriktningen på religionsundervisningen bland de undersökta lärarna kunde Feige ändå beskriva som elev- och problemorienterad medan förespråkarna för en uttalat kyrklig traditionsförmedling var betydligt färre. Ännu mera sällan uppgav lärarna att de bedrev en direkt förkunnelseinriktad undervisning.

Feige konstaterar, att lärarna i allmänhet finner sig väl tillfreds med sin roll i religionsundervisningen. Endast ett fåtal säger sig ha mötts av en reserverad hållning bland sina kolleger. Ämnet uppfattas inte heller enligt lärarnas bedömning som särskilt illa omtyckt av eleverna. Både lärare som ämne framstår som klart åtskilda från kyrkan samtidigt som det föreligger tydliga beröringspunkter. Feige beskriver relationen mellan lärare, religionsundervisning och kyrka som en "distanserad symbios" och förmodar att detta är den möjliga förklaringen till religionsundervisningens relativt gynnsamma ställning i skolan.

Skolan formas i hög grad av sina lärare. Hos dessa ligger möjligheterna till förändring men samtidigt också de största hindren och trögheten för önskvärda reformer. Motsvarande gäller också i tilllämpliga delar andra områden för pedagogiska verksamheter såsom kyrka och massmedia. Därmed blir satsningar på utbildning och fortbildning nyckelbegrepp i varje försök att reformera lärande och undervisning. Samtidigt finns det anledning att varna för en alltför stor tilltro till att betrakta utbildning och fortbildning som någon enkel väg att i grunden ändra människors attityder. För detta behövs förmodligen långsiktiga insatser i en förändringsbenägen, kritiskt reflekterande miljö både i skolvärld och det omgivande samhället.

Den reform av grundskollärarutbildningen i Sverige som genomfördes under 1980-talet är ett gott exempel på ambitiösa satsningar i syfte att reformera skolan med hjälp av en reformerad lärarutbildning. Det framgår mycket tydligt av underlagsmaterialet från departementet och Universitets- och högskoleämbetet (UHÄ). Utfallet av reformen är svårare att bedöma. Enligt en kritisk kommentar verkar det som att man först lite i efterhand försökte forma den utbildning av lärare som den redan tio år tidigare införda Lgr 80 förutsatte (Ellsinger 1988 och 1989).

Anders Törnvall har i flera empiriska och teoretiskt reflekterande arbeten studerat lärares grundsyn, deras attityder till religionsundervisningen och syn på skolans fostrande uppgift. I fackpress och dagstidningar pågår debatten om roller och förväntningar på läraren, ungdomsledaren, prästen osv. Ledarskapet i den kristna församlingen diskuteras med anknytning till bibelteologiska reflektioner av Björn Wiedel (1988) och kan väl närmast ses som en variant av tankarna kring lärarrollen. Temat "ledarskap" har för övrigt avsatt en omfattande litteratur med inriktning på snart sagt alla områden av. Ledarrollen i samband med folkbildningsarbete inom arbetarrörelsen och frikyrkorörelsen analyseras bland andra av Lars Arvidsson (1985).

Endast i undantagsfall behandlar de religionspedagogiska handböckerna läraren som ett eget tema. Ett undantag är Tamminen & Vesas lärobok i religionsdidaktik (1986). Också de båda tyska religionspedagogerna Adam & Lachmann (1984) har gett religionsläraren ett eget kapitel med undertiteln "yrke och person". Med stöd av omfattande referenser diskuterar de lärarrollen under ett antal så kallade "rambetingelser". Lärarens roll som teolog och pedagog ger, menar de, anledning till fortsatt reflektion kring förhållandet mellan ämneskompetens, integrationskomptens och allmän pedagogisk kompetens.

Slutligen vill jag i anslutning till Gerhard Schröter (1972) peka på möjligheten att studera läraren utifrån dennes skilda funktioner i kombination med frågorna om vad dessa växlande roller kan innebära för synen på lärarkompetensen. Som exempel på sådana funktioner nämner Schröter lärarens planerings-, genomförande- och kontrollfunktioner, var och en med ett antal delfunktioner.

Något senare tas frågan upp av Lars-Owe Dahlgren och Lennart Svensson (1979). En intressant aspekt som dessa tar upp handlar om lärarens och elevernas gemensamma uppgift att tillsammans bära med sig innehållet in i undervisningssituationen i form av tänkande, känslor och handlande i förhållande till de företeelser som skall behandlas. Det bygger på tanken om att alla deltagare i en lärandeprocess är medskapare av kunskaper. En förutsättning för detta sätt att se på lärarrollen ligger i föreställningen om att kunskap skapas i ett aktivt möte mellan de medagerandes erfarenhet och det för den aktuella situationen relevanta materialet och – skulle Palmer säga – om materialet får lov att bli subjekt i lärandet. Därmed har nästa avsnitt om undervisningens innehåll redan aktualiserats i sitt dynamiska sammanhang mellan lärandeprocessens olika komponenter.

4. Vilket innehåll?

Läroplansforskningen är omfattande både när det gäller läroplansteori och undersökningar av befintliga läroplaner. Ulf P Lundgren (1979) ser jag närmast som ett standardverk för den som vill fördjupa sig i den läroplansteoretiska diskussionen. För religionspedagogiken saknas så långt jag kan bedöma grundläggande principiella svenska arbeten.

Går det att särskilja innehållet från det som sker i undervisningen som helhet? De flesta håller nog med om att detta knappast är möjligt helt och hållet. Det som i verkligheten blir "innehåll" är alltid mycket mer än det som i enkel mening kan hämtas ur förekommande "stoffkataloger", läroplaner och läromedel. I själva verket ingår hela undervisningsmiljön, allt det vi möter, reagerar på och bär med oss in i lärandet.

Ändå finns det anledning att särskilt uppmärksamma det som i trängre mening brukar betecknas som innehåll. Här spelar återigen de värderingsmönster in som gör sig gällande i undervisningens styrdokument och hos dess praktiska aktörer. Frågor som kan ställas kan gälla vilken typ av innehåll som skall eftersträvas. Vilken plats och funktion skall exempelvis bibeltexterna ha i undervisningen liksom annat kyrkligt och religiöst material? Vilken plats och funktion har innehåll av typen meditation, andakt och gudstjänst, olika former för samtal och debatt, utbyte av erfarenheter, reflektionen över den egna livssituationen, praktiskt engagemang i diakonalt arbete i närmiljön eller i världens stora överlevnadsfrågor? Jämför till detta Groomes närmast anekdotiska berättelse om diakonal praktik till vardags tillsammans med sonen Teddy. (2015, s 267f)

Hur byggs egentligen ett undervisningsprogram upp som har till syfte att hjälpa människor fram till en självständig livssyn som fallet är med ämnet religionskunskap? Hur kan man åstadkomma verkliga möten mellan religiösa traditioner och individer så att en dialog kan uppstå eller inledas utan att snabbt hamna i försvar för den egna positionen? Finns det någon forskning som kan hjälpa dem som arbetar i förskoleåldrarna att utveckla ett som samspel mellan innehållsligt urval, metod och bibehållen respekt för individuell frihet hos barnen, när det gäller frågor om religiös tro och livssyn?

Det nytänkande som under senare tid vuxit fram inom och utanför religionspedagogiken innebär ett uppbrott från en ensidigt traditions-förmedlande och stoff-orienterade undervisning. I dess ställe försö-ker man bygga upp ett lärande och en undervisning och fostran som frågar efter individens och samhällets förväntningar och behov till-sammans med ett lyssnande efter vad de religiösa och kulturella trad-itionerna har att berätta. Det utesluter inte frågor om hur en funge-rande läroplan kan konstrueras. För att åstadkomma något sådant behöver användbara kriterier utformas som tar hänsyn till behoven hos deltagare och samhälle (kyrka) och krav som kan ställas av äm-nesvetenskaplig kompetens. Arbetet med att ge en hanterlig struktur åt lärandets och undervisningens materiella innehåll kan därefter använda sig av de kunskaper som bland andra den tidigare nämnda psykologiska forskningen ställer till förfogande om människors för-utsättningar att bearbeta olika typer av stoff med hänsyn till intellek-tuell och emotionell mognad.

I anknytning till kyrkornas olika organ för undervisnings- och ut-bildningsfrågor föreligger flera ganska omfattande studier om hur undervisningen innehållsligt skulle kunna byggas upp. Ett tidigt ar-bete i denna riktning redovisas av Karl-Erik Brattgård (1970), som lämnar förslag till kyrkans dopundervisning. Sven-Åke Selander (1982) presenterar några principiella synpunkter på utbildningen inom Svenska kyrkan och redogör samtidigt för några kriterier för undervisningens innehåll. Andra exempel finner vi hos den norska kyrkans utredning om dopundervisningen, *Dåpspraxis og dåsopp-læring* (1982).

År 1990 publicerade Birgitta Wallinder en avhandling om Sven-ska kyrkans konfirmandundervisning, där hon analyserade läroplaner och debatt kring dessa under perioden 1942-1985. Den teologiska utbildningen, i första hand utbildningen av präster för Svenska kyr-kan, har undersökts av Anders Bäckström, som i flera publikationer redovisar både svenskt och internationellt material samt lämnar för-slag till framtida lösningar (Bäckström 1987).

Läromedelsforskningen är ett annat område som undersöker olika typer av läromedel. Mera komplicerat är det att undersöka läromedlens faktiska användning, deras funktion och relation till målsättningen och undervisningsprogrammet som helhet. I en situation där synen på innehållet vidgats till att omfatta den totala lärandeprocessen, kan forskningen om vad som egentligen är undervisningens innehåll bli ytterst komplex men också verkligt spännande. Exempel på detta är att man låtit de formella läromedlens betydelse träda tillbaka till att bli redskap för det egna skapandet samtidigt som deltagarnas egna erfarenheter ges ökat utrymme att spela en viktig roll.

McLuhans gamla tes från 1964 om att "the medium is the message" uttrycker en tänkvärd utmaning för alla som är verksamma inom religionspedagogikens område. Detta "medium" är något som kommer till uttryck i den kyrkliga miljöns totalförmedlande funktion. I *en kyrka som berättar om sin tro i allt vad den säger och gör*, som det heter i inledningen till Svenska kyrkans kyrkoordning. I det perspektivet kan det hända att innehållet faktiskt får lov att omfatta hela människan och allt som ingår i lärandeprocessens helhet och dess olika delar, överallt där lärande, undervisning och fostran äger rum.

5. Vägar till kunskap

Varje undervisningssituation ställer sina specifika krav på arbetsformer eller metoder. Samtidigt kan metodfrågan aldrig isoleras från de principiella utgångspunkterna, de gällande målen, de deltagande personerna och innehållet.

Ibland har metodfrågorna bagatelliserats. Andra gånger har de framställts som lösningen på alla problem, exempelvis med hjälp av en teknologiskt inriktad inlärningspsykologisk syn på lärande och undervisning. Insikten om att metoden i själva verket utgör en del av innehållet och mycket intimt hänger samman med grundsynsfrågorna har visat oss nödvändigheten av att också sätta in metoden i sin principiella helhetskontext.

Innehållet kommer till uttryck i arbetet, aktiviteterna och varje försök att lösa en given uppgift. Det finns viktiga mål för grundskolan, som endast kan uppnås inom ramen för vissa typer av arbetssätt. Motsvarande gäller kanske i ännu högre grad i den kyrkliga undervisningen och inom familjen med dess ofta mycket specifika förutsättningar.

Riktlinjer för Svenska kyrkans konfirmandarbete (1978) innehåller exempelvis anvisningar om att konfirmanderna bör beredas tillfälle att själva delta i andakter och gudstjänstliv. Här föreslås alltså ett praxisorienterat lärande. Observera också att man använder begreppet "konfirmandarbete" och därmed, så långt jag förstår, medvetet önskar vidga konfirmandundervisningen till att omfatta mer än vad som vanligen ryms inom en schemalagd undervisningstid. Exemplen i samma riktning från olika sorters barnmaterial skulle kunna mångfaldigas.

Arbetsformerna bestäms också med utgångspunkt från inlärnings- och utvecklingspsykologiska faktorer. Strävan efter variation, åskådlighet, aktivitet och aktualitet påverkar lärandesituationen. Här behövs ett nära samarbete med den pedagogiska psykologin. Om man som mål för undervisningen eftersträvar ett möte mellan religiös tro och människa blir inte en snabb och effektiv inlärning av intellektuella kunskaper det mest angelägna även om också detta är viktigt. Större betydelse har den enskilda människans personliga möte med religionen och upplevelsen av dess relevans för livet som helhet. Här kan helt säkert ett deltagande i kyrkans gudstjänst- och andaktsliv vara en fruktbar metod tillsammans med det lärande som sker i särskilt arrangerade eller spontant uppkomna tillfällen för växande kunskap.

Liksom den religiösa socialisationen på ett spontant och naturligt sätt kan äga rum i den religiöst präglade familjen utan särskilda planmässiga pedagogiska arrangemang tror jag att också de spontana, interpersonella relationerna i andra sammanhang kan ha en avgörande betydelse för människors möte och upplevelse av religionen i vid mening och som personlig livstolkning. Metodfrågorna blir som synes konkreta och specialiserade men samtidigt öppna och komplexa genom att vara sammanflätade med de förutsättningar som ges i den undervisande situationen som helhet.

Observationschema för att studera "klassrumsklimatet" och dess betydelse för inlärning

---

Indirekt lärarpåverkan
1   Emotionellt accepterande av eleverna
2   Beröm och uppmuntran
3   Accepterar och utnyttjar elevideer
4   Ställer frågor

Direkt lärarpåverkan
5   Föreläser (el. därmed likartad aktivitet)
6   Ger anvisningar (direktiv)
7   Kritiserar eller hävdar sin auktoritet

Elevens tal
8   Eleven svarar på lärarens frågor
9   Eleverna frågar, tar själva initiativ till att yttra sig
10 Tystnad eller förvirring

(Förenklad återgivning av Flanders observationsschema, efter Stukat, "Observationer af laereradfaerd i klasserummet", i: Ålvik, T, *Undervisningslaere 1, Aktuelle synspunkter og problemer,* Köpenhamn 1972)

Forskningsmässigt finns det stort behov av att klargöra vägar till kunskap, som engagerar hela människan och kan hjälpa människor fram till en egen, personlig och reflekterad livstolkning. Viktiga insatser på detta område har gjorts av bland andra Sven G Hartman och hans medarbetare i projekt som rör barns livssituation och livstolkning. Det kan räcka med att nämna projektet *Barns livssituation och livstolkning* (Balil), som startade hösten 1987 vid universitetet i Linköping.

I övrigt behandlas denna typ av frågor i ett stort antal handledningar till läromedel samt lärar- och ledarutbildningsmaterial förutom handböcker av skilda slag. Vänder man sig till vad som erbjuds internationellt finns det mycket att hämta – och transformera till den svenska situationen.

Metoder och arbetsformer bestäms ytterst av samspelet mellan människosyn och kunskapssyn inom ramen för det aktuella undervisningsprogrammets enskilda nivåer inom det aktuella rummet för lärande. Varje slag av lärande kräver sin form. Den frivilliga studiecirkeln formar sitt arbete på sitt sätt och skolklassen på ett annat.

Själva grundprincipen gäller ändå generellt. En utmaning för oss alla är hur fungerande arbetsformer kan utvecklas inom de ramar som ges i varje enskilt sammanhang. Ett sätt att skaffa sig ett underlag för ett sådant utvecklingsarbete kan vara att kartlägga vad som händer i en konkret lärandesituation med hjälp av systematiska observationsstudier. Det kan hjälpa läraren/ledaren att reflektera över ett pågående arbete, hur samspelet ser ut mellan lärare/medvandrare och elev/medlärande, material/subjekt! och metod. Ovanstående förenklade *observationsschema* kan illustrera hur en sådan undersökning kan utformas.

Försöksverksamhet med nya arbetsformer eller med idéer om arbetssätt från andra områden har bedrivits på många håll. Inom Frikyrkliga studieförbundet (nuvarande Bilda) genomfördes åren 1979-1982 ett forskningsprojekt, kallat *Friare och mer verklighetsnära studier* (Slutrapport 1982). Två av projektets slutsatser kan ger en antydan om inriktningen på den form av studier man kunde iaktta och man eftersträvade:

> Ett fritt och verklighetsnära studium bör ta sin utgångspunkt i erfarenheten; dels den egna, dels andras och dels den gemensamma.

Formuleringen uttrycker en kunskapssyn som bygger på uppfattningen, att kunskap primärt är något som skapas av enskilda människor i mötet med andras erfarenheter och i den gemensamma reflektionen över dessa erfarenheter. Rapportens slutsats illustrerar helhetssynen på det man betecknar som "idé, sak, process och metodinnehåll":

> Ett fritt och verklighetsnära studium bör i en bearbetning av ett visst ämnesinnehåll också innehålla en bearbetning av hur man arbetar (metoden) och vad som händer, när man arbetar (processen).

I detta kapitel har jag velat visa hur lärandeprocessen i dess olika delar spänner över en mängd områden som det finns anledning att reflektera över med vägledning av de grundläggande värderingar man valt att förhålla sig till.

Till detta vill jag påminna om Thomas Groomes förslag om att försöka leva i en ständig växling mellan grundläggande idé och praxis, det han i ett kyrkligt sammanhang kallar "från tro till liv till tro" (Groome 2015). I ett sekulärt skolsammanhang kunde det vara spännande att försöka byta ut det religiösa begreppet "tro" mot exempelvis läroplanens grundläggande pedagogiska grundidé och ställa den mot det vardagliga skolarbetets praktik.

Kapitel 6
Utvärdering

Sanningen är personlig.
Det leder vare sig till objektiv imperialism eller subjektiv relativism.
Sanningen finner vi genom lydnad mot en pluralistisk verklighet,
i den tålamodsprövande dialogen med att söka uppnå konsensus
och personlig transformering där alla parter blir
varandras sammanhållande subjekt i gemenskap.

(Palmer 1963, s 68)

I. Utvärderingens förutsättningar

En av målsättningens (och målanalysens) funktioner är, som jag tidigare påpekat, att möjliggöra en meningsfull utvärdering av det tänkta lärandet, undervisningen, utbildningen och fostran. Syftet med den pedagogiska utvärderingen är att klargöra hur förhållandet ser ut mellan de uppställda målen och det som uppnåtts, oavsett om det gäller själva slutprodukten eller det som händer under lärandeprocessen som helhet.

Inte alltid är en sådan form av undersökning möjlig eller särskilt enkel. Anledningen kan vara att det helt enkelt inte finns några tydligt formulerade mål eller att lärandeprocessen saknar fasta konturer. Om syftet är att få ett mått på undervisningens effektivitet behöver man dessutom skaffa sig en föreställning om den kunskaps- eller färdighetsnivå som fanns innan den pedagogiska processen inleddes, exempelvis med hjälp av diagnostiska prov.

När en utvärdering planeras, har man anledning att först klargöra vad som är själva föremålet för utvärderingen. Vilken typ av pedagogisk verksamhet är det som skall utvärderas? Riktar sig utvärderingen till mer än kognitiva färdigheter? Är man intresserad av att få veta något om slutprodukten eller riktas intresset mot själva lärandeprocessen, dvs hur en pågående undervisning fungerar? Detta i sin tur hänger samman med de bakomliggande principerna för undervisningsprogrammet. En annan viktig fråga gäller syftet med utvärderingen – och i vems intresse den sker. Syftar utvärderingen till att kontrollera, exempelvis hur en student tillgodogjort sig en viss utbildning för att på grundval av detta kunna sätta betyg och ge nycklar till fortsatta studier? Eller vill man få ett underlag för att göra undervisningen bättre? De viktigaste frågeställningarna kan sammanfattas i följande fyra punkter, hämtade från Franke-Wikberg & Lundgren (1982):

1. Vad skall utvärderas?
2. För vilket syfte och i vems intresse sker utvärderingen?
3. Hur skall utvärderingen ske?
4. Vem skall utföra utvärderingen?

En utvärdering kan genomföras på många olika sätt. Vilken form som än används finns det för det mesta en risk för oönskad påverkan av exempelvis intervjuare, enkäter och observatörer. Problemen är särskilt stora, när det gäller små barn med begränsade kommunikativa färdigheter, ofta i kombination med deras beroendeställning till vuxna. Riskerna med att undersökningsinstrumenten styr svaren föreligger alltid och måste så långt som möjligt hållas under kontroll och minimeras. De undersökningsmetodiska problemen skiftar alltså beroende av frågeställningarnas karaktär, det sammanhang där den sker och individernas ålder. Den i tidigare avsnitt nämnda rapporten inom UMRe-projektet, Westling & Pettersson & Fägerlind (1973), ger en rad synpunkter som det finns anledning att beakta när det gäller hithörande problem.

Ta gärna en liten paus tillsammans med Palmer (kapitlets inledande citat). Ordet "lydnad" kan kännas lite knepigt. Palmer syftar på betydelsen av att leva efter den övertygelse man kommit fram till (det han kallar "sanning". Det andra han ofta återkommer till är den äkta dialogen som lämnar utrymme för konsensus med bevarad pluralitet. Stanna upp och samtala, lyssna och var ärliga mot både er själva och de andra.

---

2. Utvärdering som forskning och som en del i det pedagogiska vardagsarbetet

Forskning kan ibland bedrivas som en speciell form av utvärdering av en pedagogisk verksamhet. Vanligen ägnar man sig i sådana fall åt avgränsade delar av denna. Inom exempelvis konfirmandundervisningen kan enskilda arbetsformers funktion i förhållande till de uppställda målen studeras. En utgångspunkt kan då vara, att i anslutning till *Riktlinjer för Svenska kyrkans konfirmandarbete* studera erfarenheter av andakter och gudstjänster för att ta reda på vad dessa betyder för ungdomarna i förhållande till de i riktlinjerna angivna målen.

En frågeställning kan också vara den rekommenderade "inövningens" betydelse under förutsättning att denna skett på ett så planmässigt sätt att den låter sig beskrivas och utvärderas som en pedagogisk aktivitet. Teoretiskt sett kan förmodligen denna (liksom varje annan) aktivitet fungera både förstärkande och ifrågasättande i förhållande till de mål som uppställts. Upplevelsen i det korta, näraliggande perspektivet kan ibland skilja sig avsevärt från vad man anser några år senare om samma sak. Det kan ge anledning till återkommande undersökningar, när deltagarna fått lite perspektiv på undervisningen.

Utvärderingar i närtid kan därför behöva kompletteras med så kallade longitudinella studier, där man under en längre tid följer en grupp eller enskilda personer. En variant på detta, som med hänsyn till de många problem som sammanhänger med de longitudinella undersökningarna kan vara ett alternativ, är att vid samma tidpunkt studera grupper av individer, som befinner sig på olika distans från sin konfirmation.

När Perneman (1977) skriver, att "utbildning bör vara forskning och forskning utbildning", hänger detta samman med synsättet, att kunskap byggs upp i den gemensamma reflektionen kring egna, andras och gemenskapens erfarenheter, alltså en form av processinriktad utvärdering. Detta påminner om den grundsyn som också återfinns i Lgr 80. Ett kommentarmaterial från SÖ, *Utvärdering* (1983) belyser detta med följande exempel:

Utvärdering är något mer än att ge prov och sätta betyg:

- Det är att regelbundet granska och undersöka den verksamhet man är med i;

- det är att utforska vad denna verksamhet egentligen innebär, vad den står för och i vilken mån den överensstämmer med de mål som gäller;

- det är att stanna upp och "ställa sig utanför" den verksamhet man är inblandad i, betrakta den ur ett annat perspektiv än vad man gör normalt, försöka se den med egna ögon, och reflektera över det man ser;

- det är att söka sätta in den verksamhet man är en del av i ett större sammanhang;

133

- det är att ifrågasätta det man håller på med, att vara kritisk mot det man gör, att vara självkritisk;

- det är att ensam och tillsammans med andra bygga upp kunskap om sig själv, om de grupper man ingår i, om den egna undervisningen, om den egna skolans sätt att fungera.

Den kontinuerliga utvärderingen har här gjorts till en integrerad del i det dagliga arbetet. Den är inte bara en uppgift för specialisten-forskaren. Inte heller begränsas den till försök att mäta slutresultatet av undervisningen. Alla som deltar i skolans arbete inbjuds att delta som "medforskare" under själva lärandeprocessen. "Hållplatserna", där man stannar upp och reflekterar över det pågående arbetet plane-ras in i och tillhör arbetssättet i hela den pedagogiska processen.

Franke-Wikberg & Lundgren (1982) pekar på vikten av att vid en utvärdering klargöra de grundläggande teoretiska förutsättningarna för det undervisningsprogram som studeras – liksom för den utvärde-ring som sker. Först därmed kan utvärderingens resultat nå längre än att bara bli en deskriptiv, faktaredovisande kommentar. För att ut-värderingen skall bli meningsfull krävs också en tolkning av materi-alet i ett öppet redovisat teoretiskt perspektiv. I tre satser sam-manfattar de båda författarna de krav som bör ställas på en utvärde-ring. Dess uppgift är (s 148):

- att skildra vad som sker i det som synes ske

- att tala om varför just detta sker samt

- att ange möjligheterna för hur något annat kan ske.

De tre satserna kan närmast ses som en utmaning till fördjupad re-flektion inför utvärderingen och dess uppläggning och hur det som sägs i de tre punkterna har uppfyllts. En väl genomförd undersökning bör åtminstone eftersträva ett klargörande av de uppgifter som efter-lyses i de två första punkterna. Förhoppningsvis kan detta också ge någon vägledning för nästa steg.

134

Utvärdering av undervisningsprogram utgör en grannlaga uppgift. En sådan kan vara att undersöka motiven bakom utvärderingarna och hur dessa används inom olika pedagogiska verksamheter. Även om det kan kännas som en alltför stor utmaning att genomföra utvärderingar efter alla konstens regler tror jag att också de små och enklare formerna kan ha sitt värde. Detta med att nu och då stanna upp och ta sig lite tid att reflektera över det pågående arbetet.

Kapitel 7
Slutord

Ett rum för lärande kännetecknas av tre omistliga dimensioner:
öppenhet, avgränsning och en atmosfär av välkomnande
(openness, boundaries, and an air of hospitality)

(Palmer 1993, s 71)

I det föregående har ett försök gjorts att översiktligt beskriva religionspedagogikens och den religionspedagogiska forskningens arbetsfält. Överallt där lärande, undervisning, fostran och utbildning äger rum finns det värderingar, idéer och realiteter som påverkar inriktning, innehåll och form. Dessa värderingar är också avgörande för synen på dem som på något sätt deltar i lärandeprocessen och inte minst den eller de roller dessa personer tillåts att spela. Ja, allt det som präglar vart och ett av de många rum för lärande människor rör sig mellan.

Barnens upplevelser i skolan och i kyrkans barntimmar påverkas av lärarnas/ledarnas (som jag gärna kallar "medvandrare") förståelse av verksamhetens syfte men också av deras förmåga att ge uttryck åt detta på ett övertygande sätt. För de yngre barnen har kanske de vuxna medvandrarnas sätt att vara allra störst betydelse, men inte bara där. Den ömsesidiga tilliten mellan alla deltagare i en lärande-roll spelar ofta en helt avgörande roll, oberoende av ålder.

För visst är det så att den eller de som fungerar som medvandrare i lärandet gör detta med hela sin kropp och i allt de är i mötet med den de vandrar tillsammans med, de som också är medvandrare i sökandet efter kunskaper. Till detta kommer allt det som barn och unga bär med sig från tidigare erfarenheter hemma, bland kamrater och i tidigare kontakter med kyrkan. Också det spelar in och färgar av sig i det ständigt pågående lärandet.

> *Välkommen till ännu en rastplats för eftertanke och funderingar kring det senaste citatet av Palmer.* Egentligen handlar det om det mest grundläggande för de ansvariga i allt pedagogiskt arbete. Ordet *öppenhet* kombinerar Palmer ibland med generositet. Tänk dig något om en tillåtande, respektfull atmosfär. *Avgränsning* syftar på behovet av tydlighet om vad som just nu står på dagordningen. *En atmosfär av välkomnande* behöver nog ingen kommentar, men visst är det en utmaning!

Kunskaperna om det religiösa lärandets, undervisningens och fost-rans möjligheter och hinder kan alltid bli större. Medan vi väntar på mera avancerad forskning finns alltid möjligheten till växande insik-ter om lärandets många möjligheter genom en reflekterande praxis. Där kunskapen inte räcker till får intuition och tidigare praktisk erfa-renhet ta vid med de risker men också positiva möjligheter som lig-ger i detta vardagliga experimenterande. Förhoppningsvis kan den här boken erbjuda några användbara "vägmärken".

Mellan alla dem som på olika sätt deltar i arbetet med det reli-giösa lärandets praktik och den vetenskapliga forskningen behöver det ständigt pågå ett samtal, där man lyssnar på varandra och delar sina erfarenheter. Samarbetet kan utvecklas både i form av konsultverksamhet från forskningsinstitutionernas sida och genom att man från "praktikernas" sida utvecklar och redovisar sina forskningsbehov – och själva blir "forskare" till vardags.

Religionspedagogisk forskning har inom vissa områden en väl utvecklad internationell förankring. Inom nordiska länderna sker regelbundet utbyte av forskningsresultat. Svenska forskare och kanske i ännu högre grad de svenska kyrkorna och olika ekumeniska organ upprätthåller internationella kontakter med utbyte utvecklingsarbete.

De internationella kontakterna har lärt oss att religionsundervisningens inriktning och utformning varierar mycket starkt från land till land, också mellan de nordiska länderna. Inte minst folkbildningens lärandetradition har lärt oss förstå, att sådana olikheter alls inte behöver uppfattas som hinder och problem. Tvärtom kan de öppna möjligheter till att upptäcka något nytt och dessutom ge underlag för en fruktbar och spännande komparativa forskning. Olikheterna utmanar till en kritisk granskning av den egna traditionen och ger impulser till förnyelse och omprövning – för dem som vill pröva det där med "öppenhet, avgränsning och en välkomnande atmosfär".

Vi har konstaterat att den religionspedagogiska forskningen befinner sig i brännpunkten mellan flera vetenskapliga discipliner. Dit hör förutom den allmänna pedagogiken även den historiska, systematiska, exegetiska, sociologiska och psykologiska forskningen tillsammans med teologin och religionsvetenskapen.

Gränsdragningen mellan forskningsmiljöerna är i sig inte särskilt meningsfull vare sig ur ämnesvetenskaplig eller forskningsmetodisk synpunkt. Utmaningen ligger i de krav som ställs i den praktiska pedagogiska verksamheten. I denna praktikermiljö formas frågorna till den religionspedagogiska forskningen i hela dess vidd. Det kan handla om den religiösa och livsåskådningsmässiga utbildningen, lärandet, undervisningen och fostran, de grundläggande värderingarna, målen, undervisningsprocessen och utvärderingen inom lärandets många rum.

För fortsatta studier

Litteraturlistan[3] har ordnats kapitelvis och delvis tematiskt. Endast i undantagsfall upprepas samma titel, även om den tar upp flera behandlade teman.

Förkortningar:

FLRÅ   Föreningen Lärare i Religionskunskap Årsbok
JRP   Jahrbuch der Religionspädagogik
R & L   Religion och Livsfrågor
Re   Religionskunskap
SR/PUB Sveriges radio/Publik och programforskning
STK   Svensk teologisk kvartalsskrift
WCC   World Council of Churches

---

[3] Jag vill här påminna om att uppgifterna speglar läget vid början av 1990-talet och hänvisar till att söka senare tillkomna källor och litteratur på annan plats, exempelvis min hemsida: www.foersamlingspedagogik.one//litteratur.html

Referenser till kapitelingresserna

Augustinus, *The Teacher*.

Palmer, J Parker (1993/1983) *To Know as we are Known. Education as a Spiritual Journey*. HarperSanFrancisco.

Palmer, J,Parker (1998) The Courage to Teach. Exploring the Inner Landscape of a Teacher´s Life. Jossey-Bass, San Francisco.

Kapitel 1. Vägen in i boken

Adam, G & Lachmann, R (utg., 1987) *Gemeindepädagogisches Kompendium*. Göttingen.

Asheim, I & Mogstad, S D (1987), *Religionspedagogikk. Tolkning, undervisning, oppdragelse*. Oslo.

Asheim, I (1976), *Religionspedagogikk. En innføring*. Oslo.

Asheim, I (1984), *Religionspädagogisches Kompendium. Ein Leitfaden für Lehramtstudenten*. Göttingen.

Benner, Dietrich (1987), *Allgemeine Pädagogik. Eine systematisch-problemgeschichtliche Einführung in die Grundstruktur pädagogischen Denkens und Handelns*, Weinheim u München.

Bergling, K (1977), Religionspedagogisk forskning, *STK 3/1977*.

Brilioth, Y (1946), *Svensk kyrkokunskap*. 2 uppl. Stockholm 1946.

Egidius, H (1983), *Termlexikon. Psykologi, pedagogik, psykoterapi*, 4 uppl Arlöv.

Feifel, E m fl (1973 m fl), *Handbuch des Religionspädagogik*. Düsseldorf/Zürich, band 1 1973, band 2 1974, band 3 1975.

Groome, Th (1980/1998), *Christian Religious Education. Sharing Our Story and Vision*. New York.

Holley, R (1978), *Religious education and religious understanding. An introduction to the philosophy and religious education*. London 1978.

Henkys, J & Kehnscherper, G (1978), Die Unterweisung, i: *Handbuch der Praktischen Theologie*. Band III. Berlin 1978, s 7-139.

Kjöllerström, S (utg, 1964), *Praktisk teologi. En handbok i kyrkans organisation och verksamhetsformer*. Lund.

Larsson, R (1980), *Religion zwischen Kirche und Schule. Die Lehrpläne für den evangelischen Religionsunterricht in der Bundesrepublik Deutschland*. Lund & Göttingen.

Larsson, Rune (2009), *Samtal vid brunnar. Introduktion till religionspedagogikens teori och didaktik*. Arcus, Lund.

Lilja, E (1970), *Religionspedagogik*. Lund.

Marton, F (1986), Vad är fackdidaktik?, i Marton (red), *Fackdidaktik. Volym I. Principiella överväganden. Yrkesförberedande ämnen*. Lund.

Myhre, R (1980), *Innføring i pedagogikk. Bind 3. Pedagogisk filosofi*. Oslo.

Nipkow, K E (1975-1982), *Grundfragen der Religionspädagogik*. Band 1-3. Gütersloh.

Rosenqvist, G O (1955), Kateketik, artikel i: *Nordisk teologisk uppslagsbok*, band II, s 263 ff. Lund & Köpenhamn.

Schilling, H (1969), *Grundlagen der Religionspädagogik. Zum Verhältnis von Theologie und Erziehungswissenschaft*. Düsseldorf.

Selander, S-Å (1982), *Religionsundervisning för hela människan*. (Rapport 22/1982 vid Lärarhögskolan i Malmö). Malmö.

Tamminen, K & Vesa, L (1986), *Undervisa i religion. En lärobok i didaktik*. Helsingfors.

Törnvall, A (1982), *Läraren och läroplanen. En undersökning av mellanstadielärares grundsyn i förhållande till Mål och riktlinjer i läroplanen för grundskolan (Lgr 69)*. Linköping.

Westerhoff III, John H & Edwards, Jr. O C (1981), *A Faithful Church. Issues in the History of Catechesis*. Wilton Connecticut.

Wiedel, B (1988), *Trons pedagogik*. Stockholm.

Kapitel 2. Miljöer för undervisning och fostran

Undervisning och fostran i familj och närmiljö

Evenshaug, O & Hallen, D (1980, *Småbarns oppdragelsesmiljø. En familjepedagogisk undersøkelse. Rapport 2: Opplegg og gjennomføring*. Oslo.

Evenshaug, O & Hallen, D, (1981), *Barnedåp og oppdragelse. Hva ønsker og mener småbarnsforeldre i storbyen?* Oslo.

Evenshaug, O & Hallen, D, (1989) *Småbarnsforeldres oppdragelsesintentioner. En familiepedagogisk undersøkelse: Teoriutvickling*. Oslo.

Failing, W-E (1987), Religiöse Erziehung in der Familie, i: Adam, G & Lachmann, R (utg) *Gemeindepädagogisches Kompendium. Göttingen*, s 199-232.

Hartman, S G (1986), *Barns tankar om livet*. Stockholm.

Hognestad, O & Rian, D (1985), *Barnet i teologi og kirke*. Trondheim.

Jackson, Robert (1997) Religious education – an interpretive approach. London: Hodder & Stoughton.

Lachmann, R (1987), Evangelische Erziehung im Kindergarten, i: Adam & Lachmann (1987), s 233-278.

Nipkow, K E (1990), *Bildung als Lebensbegleitung und Erneuerung. Kirchliche Bildungsverantwortung in Gemeinde, Schule und Gesellschaft.* Gütersloh (särsk. kapitlen Familie, Kindergarten, Kindergottesdienst, s 263-358).

Sundén, Hj (1970) *Barn och religion,* 2 uppl Stockholm.

Tamm, M (1986), *Barnets religiösa föreställningsvärld.* Stockholm.

Lärande, undervisning och fostran i kyrkor och samfund

Att predika idag. Prästmötesavhandling för Linköpings stift. Red. Sven Ingebrand. Lund 1973.

Brattgård, K-E (1970), *Kyrkans dopundervisning. Utredning verkställd på uppdrag av Svenska kyrkans centralråd.* Stockholm.

Barnets verden – kirkens budskab (1982). Otte bidrag til en debat. Utsendt af kommissionen Børn og Kirke. Köpenhamn.

Brodd, S-E (1990), *Pastoralteologisk praxis. Om kyrkligt liv och arbete i en urbaniserad miljö.* Stockholm.

Dale, Aa (1985), *Undervisning i kirken. Grunnlag, innhold og former.* Oslo.

Didaktik der Predigt. Materialien zur homiletischen Ausbildung und Fortbildung. Utg av Comenius-Institut, Münster 1975.

Dåpspraksis og dåpsopplæring i Den norske kirke. En utredning avgitt til Bispemøtet våren 1982. Oslo.

Ellwyn, T m fl (1980), *Växtplatser. En studie i evangelisation. Inför prästmötet 1980 i Strängnäs stift.* Stockholm.

Evenshaug, O & Hallen, D (1989), *Småbarnsforeldres oppdragelsesintentioner. En familiepedagogisk undersøkelse: Teoriutvikling.* Oslo.

För konfirmandernas skull. Slutrapport från projektgruppen "Konfirmand 1990" (1987) (Svenska kyrkans nämnd för undervisning och utbildning). Stockholm.

Groome, Th H (1980/1998), *Christian Religious Education. Sharing Our Story and Vision.* San Francisco.

Gustavssons, Caroline (2013), *Existentiella konfigurationer. Om hur förståelsen av livet tar gestalt i ett socialt sammanhang.* Stockholms universitet.

Haraldsø, B (red, 1989), *Kirke – skole – stat 1939 – 1989.* Oslo 1989.

Hendy, G (1990), *Equipping the Saints. Training for Ministry in the Provinces of Canterbury,* York and Wales. London.

Katolska kyrkans Riktlinjer för katekesen i Norden (1983) Den nordiska biskops-konferensen. Stockholm.

Katolska kyrkans Riktlinjer för konfirmandförberedelse i Sverige (1989). Stockholms katolska stift.

Kyrklig folkbildning för framtiden (1989). Sju u
ppsatser att arbeta med. Red Ingvar Laxvik. Stockholm.

Kyrkans totalplan för fostran (1976). Grunder, målsättning, allmän struktur. Godkänd av biskopsmötet 8.9.1976. Vammala

Larsson, R (2018b), *Församlingspedagogik. En kyrka som undervisar med hela sitt liv*. Stockholm, Lomma.

Nipkow, K E (1990), *Bildung als Lebensbegleitung und Erneuerung. Kirchliche Bildungsverantwortung in Gemeinde, Schule und Gesellschaft*. Gütersloh (särsk. s 333-495).

Perneman, J-E (1977), *Medvetenhet genom utbildning. Ett försök att utifrån Paulo Freires perspektiv forma ett ledarutbildningsprogram och beskriva utfallet i termer av kvalitativa skillnader*. Göteborg.

Rissanen, A (1989), Kirkon kasvatustoiminnan... (Sammanfattning på svenska s 106-109) Tampere.

Sjölin, I/Thaning, B (1991), *Dop – än se´n då? En teori och modell för dopuppföljning. (Uppsats i religionspedagogik vid teol. institutionen i Lund*, stencil).

Wadensjö, B (1980), *Konfirmationen i kyrkans liv. Prästmötesavhandling för Uppsala Ärkestift 1980*. Stockholm.

Wallinder, B (1990), *Tradition och förnyelse i Svenska kyrkans konfirmandundervisning. Läroplansutveckling och pressdebatt 1942-1985*. Stockholm.

Lärande, undervisning och fostran i skolan

Algotsson, K-G (1975), *Från katekestvång till religionsfrihet. Debatten om religionsundervisningen i skolan under 1900-talet*. Stockholm.

Asheim, Ivar (1961), *Glaube und Erziehung bei Luther. Ein Beitrag zur Geschichte des Verhältnis von Theologie und Pädagogik*. Heidelberg.

Baldermann, I & Kittel, G (1975), *Die Sache des Religionsunterrichts. Zwischen Curriculum und Biblizismus*. Göttingen.

Barnikol, H-M (1983), Religionsundervisningen som kommunikation och objektivitets-problemet, i: *FLRÅ 1983*, s 41-50.

Bergling, K (1982), *Moralutveckling. Bedömning av rätt och orätt från barndom till vuxen ålder*. Stockholm.

Bugge, K E (1970), *Ronald Goldmans religionsœdagogik*. Köpenhamn.

Bugge, K E (1986), *Religionsundervisning i et pluralistisk samfund. Presentasjon og vurdering av engelsk religionsundervisning 1945-1985*. Trondheim.

Dahlberg, G & Hartman, S G & Pettersson, S (1977), *Barn och livsfrågor. Lärares erfarenheter från förskola-lågstadium-fritidshem*. Stockholm.

Gilligan, Carol (1982), *In a Different Voice: Women´s Conceptions of Self and Morality*.

Goldman, R (1964), *Religious thinking from childhood to adolescence*. London.

Goldman, R (1965), *Readiness for Religion. A Basis for Developmental Religious Education*. London.

Gymnasieeleven och livsfrågorna (1974). Skolöverstyrelsen.Stockholm.

Hartman, S G (1986), *Barns tankar om livet*. Stockholm.

Hartman, S G (1981), Människosynen i skolan. Klipp ur två arbetsmanus, i: *Vår Lösen 8/9*.

Hesse, H A & Manz, W (1972), *Einführung in die Curriculumforschung*. Stuttgart.

Larsson, R (2006a), Rätten till befrielse från skolans religionsundervisning i Sverige, i: *Religion, skole og kulturel integration i Danmark og Sverige*. red.: Peter B. Andersen, Curt Dahlgren, Steffen Johannessen, Jonas Otterbeck (Museum Tusculanums Forlag) s 141-164.

Larsson, R (2006b), Religionsundervisningen i svensk skola – en historisk exposé, i: *Religion, skole og kulturel integration i Danmark og Sverige*. red.: Peter B. Andersen, Curt Dahlgren, Steffen Johannessen, Jonas Otterbeck (Museum Tusculanums Forlag) s 113-140.

Livsoplysning. Festskrift till K E Bugge i anledning af 60-års fødelsdagen den 4. oktober 1988. Red Steffen Johannessen og Torben Krogh (1988). Fredrikshamn.

Loukes, H (1961*), Teenage Religion. An Enquiry into Attitudes and Possibilities Among British Boys and Girls...*, London.

Läroplan för grundskolan (Lgr 80) Allmän del. Stockholm 1981.

Marton, F (1986), Vad är fackdidaktik? i: Marton (red), *Fackdidaktik. Volym I*. Lund 1986, s 15-78.

Marklund, B (1983), *Tonåringen och kristendomen. Rapport om ett projekt om tonåringars kunskaper i kristendom*. Stockholm.

New Directions in Religious Education. Ed. and introduced by John Hull (1982). Lewes, Sussex.

Nilsson, I (1968), *Objektivitet och kristendomsundervisning. En historisk analys*. (Rapport från Pedagogiska institutionen, Lärarhögskolan i Stockholm, nr 30). Stockholm.

Nipkow, K E (1990), *Bildung als Lebensbegleitung und Erneuerung. Kirchliche Bildungsverantwortung in Gemeinde, Schule und Gesellschaft.* Gütersloh (särsk. s 432-554).

Nipkow, K E (1981), *Moralerziehung. Pädagogische und theologische Antworten.* Gütersloh.

Rodhe, B (1977), Människosynen i skolan, i: *Årsbok för kristen humanism 1977*, s 25-53.

Selander, S-Å (1982), *Religionsundervisning för hela människan.* (Rapport 22/1982 vid Lärarhögskolan i Malmö).

Tegborg, L (1969), *Folkskolans sekularisering 1895-1909.* Uppsala.

Tonåringen och livet (1980). Undersökning och diskussion kring tonåringen och livsfrågorna. Skolöverstyrelsen. Stockholm 1980.

Tonåringen och livsfrågorna (1969). Elevattityder och undervisningen i livsåskådning och etik på grundskolans högstadium. Skolöverstyrelsen. Stockholm.

Törnvall, A (1982), *Läraren och läroplanen. En undersökning av mellanstadielärares grundsyn i förhållande till Mål och riktlinjer i läroplanen för grundskolan (Lgr 69).* Linköping.

Törnvall, A (1988), *Skolan skall fostra – men hur? En analys av forskningen kring fostran i skolan.* (Rapport 1988:10, universitetet i Linköping, Lärarutbildningen). Linköping.

Westling, G m fl (1973), *Mognad och undervisning i religionskunskap. En sammanställning av några undersökningar...* Stockholm.

Winsnes, O G (1984), *Kristendomskunnskap – Erfaring – Kommunikasjon. En samling artikler om religionspedagogiske emner.* Trondheim.

Undervisning och fostran genom massmedia

Bluck, J (1984), *Beyond technology. Contexts for Christian communication.* (WCC) Geneve.

Dahlgren, C (1984), *Gud i etern. Samfundsfolk och närradion i Malmö.* (Forskningsrapport 1984:4 vid Religionssociologiska institutet). Stockholm.

Dahlgren, C (1985), *Konsumtionen av de rikssända religiösa programmen i radio och TV.* (Smärre meddelanden 1985:8 vid religionssoc. institutet) Stockholm.

Gibson, H M (1990), *Is Televison a significant Influence on Religious Socialisation?* (Paper presented to the Seventh Meeting of ISREV in Copenhagen 1990; Stencil).

Hemels, J & Hoekstra, H (red) (1985), *Media en religieuze communicatie. Een uitgang aan de christelijke geloofsgemeenschap.* Hilversum.

Horsfield, P (1984), *Religious Television. The American Experience.* New York & London.

IBA Audience Research Department (1980), *Audience Reaction to the 'Communio, Programme.* London.

Ivre, I (1983), *Massmedier i Sverige III, SR/PUB.* Stockholm.

Kirchliche und religiöse Sendungen der ARD und des ZDF 1979/1980. Ergebnisse einer Teleskopie-Sonderauswertung. Mainz 1981 (stencil)

Larsson, R (1984), *Religion som nyhetsmaterial. Religiösa nyheter i radio och TV juli - december 1981.* (SR/PUB 2/1984) Stockholm.

Larsson, R (1988), *Religion i radio och TV under sextio år.* Stockholm.

Larsson, R (1991), Broadcasting Religion as an Educational Problem, i: *Panorama 1991.*

Larsson, R (2018a), *Religion och livsfrågor i radio och TV. Programutbud och programpolicy i 80-talsperspektiv.* Book on Demand.

Lowe, K (1983), *Opening eyes and ears. New connections for Christian Communication.* (WCC). Geneve.

Lundgren, M (1983), *Proclaiming Christ to his World. The Experience of Radio Voice of Gospel, 1957-1977.* Geneve.

Lück, E (1983), *Kirche und Rundfunk 1945-1983. "Blickfeld" - Ein Beispiel eine Kirchenredaktion im Fernsehen.* Köln.

Maletzke, G (1963), *Psychologie der Massenkommunikation.* Hamburg.

Pettersson, Th 81985), *Television eller religion? Om tittarnas användning av TV-gudstjänster.* (Forskningsrapport 1985:3 vid Religionssoc. institutet) Stockholm.

Pettersson, Th (1986), *Religion som underhållning. Publikens användning av TV:s religiösa sång- och musikprogram.* (Forskningsrapport 1985:4 vid Religionssoc. institutet) Stockholm.

Radio en Religie (1978). Nederlandse Omroep Stichting. Hilversum.

Svenning, C & Svenning, M (1982), *Massmedia som fostrare.* Lund.

Thunberg, A-M m fl (1980), *Samverkansspiralen. Människan i informations- och kommunikationssamhället.* Stockholm.

WCC (1983), *Credible Christian Communication. A Study Resource for Local Churches.* Geneve.

Wolfe, K M (1984), *The Churches and the British Broadcasting Corporation 1922-1956. The Politics of Broadcast Religion.* London.

146

Kapitel 3. Religionspedagogik och pedagogisk grundsyn

Dahlin, Bo (1989), *Religionen, själen och livets mening. En fenomenografisk och existensfilosofisk studie av religionsundervisningens villkor.* Göteborg.

Egidius, H (1983), *Termlexikon. Psykologi, pedagogik, psykoterapi.* Arlöv.

Engedal, L G & Thorbjørnsen, S O (1984), Menneskesyn og menneskeverd, i: *På skaperens jord. En innføring i kristen etikk.* Red. av Axel Smith. Oslo, s 62-92.

Isling, Å (1988), *Det pedagogiska arvet. Kampen för och emot en demokratisk skola. Del 2.* Stockholm.

Jeffner, A (1976), *Livsåskådningsforskning.* Rapport nr 7 i projektet Livsåskådningar i det moderna samhället. Uppsala, s 18.

Kroksmark, T (1986), Några nedslag i den humanvetenskapliga didaktikens svenska historia, i: Marton, F (red), *Fackdidaktik. Volym I. Principiella överväganden. Yrkesförberedande ämnen.* Lund, s 79-95.

Kunskap och begrepp. Centrala motiv i våra läroplaner. Stockholm 1986.

Larsson, Rune (2005), *Livets berättelser.* Introduktion till Thomas H Groomes religionspedagogik. Verbum.

Larsson, Rune (2009), *Samtal vid brunnar. Introduktion till religionspedagogikens teori och didaktik.* Arcus, Lund.

Lundgren, U P (1979), *Att organisera omvärlden. En introduktion till läroplansteori.* Stockholm.

Maltén, A (1981), *Vad är kunskap?* Malmö.

Myhre, R (1977), *Innføring i pedagogikk. 1. Oppdragelsesteori.* Oslo.

Sandström, C I (1975), *Utbildningens idéhistoria.* Stockholm.

Svingby, G (1982), *Makt och kontroll över läroplaner – Vad bestämmer läroplanens inriktning?* (Rapport 1982:02 vid Pedagogiska institutionen i Göteborg).

Svingby, G (1985), *Sätt kunskapen i centrum!* Stockholm.

Törnvall, A (1982), *Läraren och läroplanen. En undersökning av mellanstadielärares grundsyn i förhållande till Mål och riktlinjer i läroplanen för grundskolan (Lgr 69)* 1982.

Kapitel 4. Målsättning

Bloom, B S (red, 1956), A Taxonomy of Educational Objectives. Handbook I: *The Cognitive Domain.* New York.

Brattgård, K-E (1970), Målsättningen för församlingens undervisning, i: *Med engagemang och saklighet.* Red av John Ronnås och Stig Svärd. Stockholm, s 53-56.

Franzén, B (1970), Målsättningen för församlingens undervisning, i: *Med engagemang och saklighet.* Red av John Ronnås och Stig Svärd. Stockholm, s 57-60.

Groome, Thomas H. (2015), *Kommer de att finnas tro? En ny vision för undervisning och växande tro.* Lomma.

Holley, R (1978), *Religious education and rel. understanding. An introduction to the philosophy of religious education.* London.

Högskolelag. SFS 1977:218 (senast ändr. 1990:640)

Klingberg, G (1976), *Målstyrd undervisning.* Stockholm.

Krathwohl, D & Bloom, B S & Masia, B (1964), *Taxonomy of Educational Objectives. Handbook II: The affective Domain.* New York.

Kyrkans utbildning – förutsättningar och principer (1978). Ett arbetsmaterial utgivet av Svenska kyrkans utbildningsnämnd. Stockholm.

Larsson, R (1984), *De religiösa magasinsprogrammen och Riksradions programpolicy.* Stockholm.

Larsson, R (1984), Kyrka, massmedia, människosyn, i: *Tro och Liv 4/1984,* s 12-22.

Målskrivning för Riksradions program om religion, tro och livsåskådning. 1980-10-09, i: *Sveriges Radio, Dokumentarkivet.*

Riktlinjer för Svenska kyrkans konfirmandarbete (1978). Stockholm.

Riktlinjer för Svenska kyrkans konfirmandarbete (2007). Stockholm.

Schmidt, G R (1972), Kriterien zur Überprüfung religionsdidaktischer Intentionen, i: *Der Evangelische Erzieher 1972,* s 391-403.

Sjölin, I & Thaning, B (1989), *Barnverksamhet i vägskäl. En kartläggning av barnverksamheten inom ÖKS 1989* (Uppsats i religionspedagogik vid teologiska institutionen i Lund vt 1989, stencil) Lund.

Svingby, G (1978), *Läroplaner som styrmedel för svensk obligatorisk skola. Teoretisk analys och empiriskt bidrag.* Göteborg.

Zur Entwicklung der Massenmedien. Thesen der Kirchen. Freiburg 1983. (Även publ. i Media Development 1/1984, s 2ff).

Kapitel 5. Lärandeprocessen

Samspel i växandets många miljöer

Arfwedsson, Gerd (1985), Om religionskunskapens didaktik – och didaktik i all-mänhet. i: *RoL 3/1985*, s 16-19 och 4/1985, s 6-8.

Bugge, K E, Dansk kristendomsundervisning på tærskelen till 1990´erne; i: *Prismet 1/89*, s 10-15

Egidius, H (1981), *Riktningar i modern pedagogik. En översikt över de senaste årtiondenas diskussioner om skolans metoder och undervisningens innehåll.* Stockholm 1981.

Gossmann, Klaus (1989), Religionsundervisning mellom skole og kirke (Västtysk-land); i: *Prismet 1/89*, s 30-36

Heinonen, R (1981), Religionsundervisningen i den finländska skolreforen. i: *RoL 2/1981*, s 3-5.

Holt, H M (1981), Religionsundervisning i Danmark – netop nu. i: *RoL 2/1981*, s 6-8.

Kehnscherper, G (1989), Kirken – et fellesskap av mennesker som får undervis-ning. Evangelisk undervisning i delstatskirkene i DDR. i: *Prismet 5/89*, s 177-179.

Pa´lsson, Sigurdur (1989), Kristendom, kirke og skole på Island; i: *Prismet 1/89*, s 20-23.

Perneman, J-E & Sandberg, P (1980), *Forskning och folkbildning. 1970-talets forsknings- och utvecklingsarbete. En översikt.* Stockholm.

Selander, S-Å (1989), Religionsundervisningen i Sverige; i: *Prismet 1/89*, s 16-19.

Tamminen, K (1989), Kyrkan och den finländska skolans religiøse fostran; i: *Prismet 1/89*, s 24-29.

Människa i växandets livslånga process

Bargheer, Fr (1972), *Das Interesse der Jugendlichen am Religionsunterricht.* Gütersloh.

Bergstrand, G (1990), *Från naivitet till naivitet. Om James W Fowlers modell för trons utveckling.* Stockholm.

Dahlberg, G m fl (1977), *Barn och livsfrågor.* Stockholm.

Dahlbom, M (1988), *Vad elever tyckt och tycker om skolans ämnen. En invente-ring av undersökningar 1896–1975 och en specialstudie av fysikämnet.* (Hög-skolan för lärarutbildning i Stockholm. Häften för didaktiska studier nr 5). Stockholm.

Dahlin, B (1986), *Jung och religionsundervisningen. En transkulturell, rekonstruktivistisk skiss.*

Dahlin, B (1989), *Religionen, själen och livets mening. En fenomenografisk och existens-filosofisk studie av religionsundervisningens villkor.* (Göteborg Studies in Educational Sciences 73) Göteborg.

Davidsson, Elsie (1989), *Religionskunskap i tonårsperspektiv.* Kumla.

Eklund, S (1987, *Högstadieelevers attityd till kristen tro – en religionspsykologisk studie i åk 9.* Uppsala 1987.

Eskola, A (1988), *Socialpsykologi.* Stockholm.

Fowler, J W (1981), *Stages of Faith. The psykology of human development and the quest of meaning.* San Francisco.

Fowler, J W (1987), *Faith development and pastoral care.* Philadelphia.

Fägerlind, I & Sjöberg, G (1971), *Barnatro och ungdomstvivel.* Stockholm.

Glaubensentwicklung und Erziehung (1988). Utg av K E Nipkow, Fr Schweitzer und James W Fowler. Gütersloh.

Goldman, R (1964), *Religious Thinking from Childhood to Adolescence.* London.

Gymnasieeleven och livsfrågorna (1973). Skolöverstyrelsen. Stockholm.

Hamberg, E M (1988), *Religiös tro och religiöst engagemang. En analys av material från projektet Livsåskådningar i Sverige.* (Religionssociologiska institutet 1988:6 nr 32) Stockholm. (Ingår även i Hamberg 1990)

Hamberg, E M (1990), *Studies in Prevalence of Religious Belief and Religions Practice in Contemporary Sweden.* Uppsala.

Hartman, S G (1971), *Eleverna och skolans religionsundervisning. En intresseundersökning på grundskolans mellanstadium.* (Lärarhögskolan i Stockholm. Ped. institutionen, stencil). Stockholm.

Hartman, S G & Pettersson, S (1980), *Livsfrågor och livsåskådning hos barn.* Stockholm.

Havers, N (1972), *Der Religionsunterricht - Analyse eines unbeliebtes Fachs. Eine empirische Untersuchung.* München.

Hinton, P m fl, *Barn tänker. En inventering av forskning och utvecklingsarbete kring livsfrågor och livsåskådning.* (Fortbildningsavdelningen vid Lärarhögskolan i Malmö, utan tryckår)

Kälvesten, A -M, Ödman, M (1980), *Barn i fem länder tecknar och tänker.* Stockholm.

Loch, Werner (1964), Die Verleugnung des Kindes in der Evangelische Pädagogik. Essen.

Loukes, H (1961), *Teenage Religion. An Enquiry into Attitudes and Possibilities Among British Boys and Girls i Secondary Modern Schools*. London.

Marklund, Bengt (1983), *Tonåringen och kristendomen. Rapport om ett projekt om tonåringars kunskaper i kristendom*. Stockholm.

Marton, F m fl (1989), *Inlärning och omvärldsuppfattning*. Stockholm.

Munksgaard, K (1982), *Mening og livsforløb. En introduktion till James W Fowlers personlighedsteori om udvickling af tro*. Köpenhamn.

Nilsson, L (1986), "Viljan till mening" – en nyckel till förståelsen av människan. i: *RoL 4/1986*, s 10-12.

Nipkow, K E (1987), *Erwachsenwerden ohne Gott? Gotteserfahrung im Lebenslauf*. München.

Olingdahl, G (1988), *Tolkning och tillämpning. En religionsdidaktisk modell för bibelundervisning*. Stockholm.

Olingdahl, G (1986), *Tonåringar tolkar bibeln. Svenska Bibelsällskapet*. Projekt NT 81:1. Stockholm.

Oser, F & Gmünder, P (1988), *Der Mensch – Stufen seiner religiösen Entwicklung. Ein strukturgenetischer Ansatz*. Zweite, überbearbeitete Auflage. Gütersloh.

Oser, F (1988), *Wieviel Religion braucht der Mensch. Erziehung und Entwicklung zur religiösen Autonomie*. Gütersloh.

Pettersson, Th (1988), *Bakom dubbla lås. En studie av små och långsamma värderings-förändringar*. Stockholm.

Prawdzik, W (1973), *Der Religionsunterricht im Urteil der Hauptschüler. Eine empirische Untersuchung auf der 9. Klasse Hauptschule in München*. Zürich u a.

Prawdzik, W (1981), Schülermeinungen, i: Glötzner, J (utg.), *Kritische Stichwörter zum Religionsunterricht*. München.

Preyer, K (1972), *Der Religionsunterricht in der Einschätzung der Hauptschüler*. Donauwörth.

Raiser, H (1986), Einheit der Kirche und Einheit der Menschheit, i: *Ökumenische Rundschau 35/1986* Heft 1, s 18ff.

Schweitzer, Fr (1987), *Lebensgeschichte und Religion. Religiöse Entwicklung und Erziehung im Kindes- und Jugendalter*. München.

Tamm, M (1986), Barnens religiösa föreställningsvärld. Stockholm.

Tausch, R & Tausch, A-M (1979), *Erziehungspsychologie, 9*. uppl. Göttingen.

Tonåringen och livet. Undersökning och diskussion kring tonåringen och livsfrågorna (1980). Skolöverstyrelsen. Vällingby.

Tonåringen och livsfrågorna (1969). Elevattityder och undervisningen i livsåskådning och etik på grundskolans högstadium. Skolöverstyrelsen. Stockholm.

Tonåring skriver dagbok (1978). Stockholm.

Westling, G m fl (1973), *Mognad och undervisning i religionskunskap. En sammanställning av några undersökningar samt en del undervisningsmetodsiska synpunkter.* Skolöverstyrelsen. Stockholm.

Yli-Luoma, Pertti V J (1990), Predictors of Moral Reasoning [IEA Monograph Studies No 14] Stockholm.

Ledare – lärare – medvandrare

Adam, G (1984), Der Religionslehrer: Beruf und Person, i: Adam, G & Lachmann, R (1984), *Religionspädagogisches Kompendium. Ein Leitfaden für Lehramtstudenten.* Göttingen, s 96-121.

Andersson, E (1988), Elevers livsfrågor – och lärares. *RoL 3/88*, s 18-19.

Arvidson, Lars (1985): Folkbildning i rörelse: Pedagogisk syn i folkbildning inom svensk arbetarrörelse och frikyrkorörelse under 1900-talet – en jämförelse. Malmö: Liber

Barnikol, Horst-Martin (1977), Religionslärarutbildning i Västtyskland FLRÅ 1977, s 174-187.

Dahlberg, G m fl (1977), *Barn och livsfrågor. Lärares erfarenheter från förskola-lågstadium-fritidshem.* Stockholm.

Dahlgren, Owe/ Svensson, Lennart (1979), Lärarkompetens i livsåskådningsfrågor. i: *RoL 4/79*, s 9-12.

Ellsinger, W (1989), På väg mot en ny lärarutbildning för ämnet religionskunskap i grundskolan. i: *RoL 2/89*, s 19-21.

Ellsinger, W (1989), *Högstadiets religionsundervisning och den nya lärarutbildningen. Lägesbeskrivning från fyra praktikområden i Göteborg.* (Uppsats i religionspedagogik i Lund, stencil) 1989.

Feige, A & Nipkow, K E (1988), *Religionslehrer sein heute. Empirische und theoretische Überlegungen zur Religionslehrerschaft zwischen Kirche und Staat.* (Comenius-Institut) Münster.

Knab, D (1971), Lehrer und Lehrplan, i: Betzen, K & Nipkow, K E (Hg) (1971), *Der Lehrer in Schule und Gesellschaft.* München, s 222-234.

Kürten, K (1984), Evangelische Religionslehrer. Bericht über eine empirische Untersuchung. Neukirchen-Vluyn. *JRP 1/1984*, s 205-208.

Nilsson, L (1987), Elev och kunskap i ett helhetsperspektiv (den nya lärarutbildningen); i: *FLRÅ 1987*, s 139-150.

Rosenquist, I (1988), Medveten religionslärare i SO-integration. *RoL 1/1988*, s 22-26.

Rudvall, G (red) (1985), *Lärares kunskap. En lägesrapport från projekt om lärarutbildningens självreflexion.* (Rapport 13/1985 vid Lärarhögskolan i Malmö). Malmö 1985.

Schmidt, H (1975), Die Kompetenz des Lehrers in den Konzeptionen der Curriculum-enwicklungsprogramme, i: *Theologie und Curriculum*, s 33-54.

Schröter, G (1972), *Didaktik als Struktur der Lehrfunktionen.* Düsseldorf 1972.

Sellergren, U (1979), *Läraren, planeringen och undervisningen.* Malmö.

Sivberg, Monica (1980), Lärarfortbildning i kyrkans regi. i: *RoL 4/1980*, s 13-14.

Tamminen, K & Vesa, L (1986), *Undervisa i religion. En lärobok i religionsdidaktik.* Helsingfors 1986, särskilt s 206-214.

Tidman, N-Å (1987), Navigare necesse est – Om att vara religionskunskapslärare. i: *RoL 1987*, s 12-13.

Törnvall, Anders, Läraren och läroplanen. En undersökning av mellanstadielärares grundsyn i förhållande till Mål och riktlinjer i läroplanen för grundskolan., Linköping, 1982.

Törnvall, A (1985), *Läraren och fostran,* Linköping 1985.

Törnvall, A (1988), *Religionskunskap i skolan. En studie i lärares och elevers attityd till ämnet religionskunskap i grundskolan.* (Linköpings univ. rapport 1988:11). Linköping.

Ulonska, H (1974), Religionslehrer und Kirche, i: *Der Ev. Erzieher 1974*, s 329-339.

Vilket innehåll?

Almén, E (1989), Kristendomsbeskrivningens "centrala begrepp", i: *In unitatem fidei. Festskrift till Per Erik Persson.* (Religio nr 29), s 15ff, Lund.

Armgard, L-O (1976), Livsfrågopedagogiken; i: *STK 4/76*, s 156-161.

Baudler, G (1973), Wie sollen Lebenssituationen jund Glaubensinhalt miteinander verbunden werden?. Überlegungen zu einem Unterrichtsmodell, i: *Kath. Blätter 6/1973*, s 366-372.

Knab, D & Stapel, G (1975), Fachspezifische und fächerübergreifende Curricula und Curriculumprojekte: Katholische Religion, i: Frey, Karl (Utg.) *Curriculum-handbuch, Band III.* München, s 500-510.

Livsfrågepedagogik. (Temanummer). *RoL 3/1988*

Lundgren, U P (1979), *Att organisera omvärlden. En introduktion till läroplansteori.* Stockholm.

Lundgren U P & Svingby, G & Wallin, E (red) (1981), *Innehållsrelaterad pedagogisk forskning.* En konferensrapport. Högskolan för lärarutbildning i Stockholm. Stockholm.

Läroplan för grundskolan. (Lgr 80). Allmän del. Mål och riktlinjer. Kursplaner. Timplaner. Skolöverstyrelsen 1980.

Nipkow, K E, (1975) Fachspezifische und fächerübergreifende Curricula und Curriculumprojekte: Evangelische Religion, i: Frey, Karl (Utg.) *Curriculumhandbuch, Band III.* München, s 489-500.

Nipkow, K E (1982), Das Problem der Elementarisierung der Inhalte des Religionsunterrichts, i: *Lehrplanarbeit im Prozeß. Religionspädagogische Lehrplanreform,* utg. av Günter Biemer & Doris Knab, s 73-95.

Orlenius, K (1982), Vad gör vi med Jesus i skolan? *FLRÅ 1982,* s 127-134.

Pedersen, E Thestrup (1972), Om det faglige indhold i skolens religionsundervisning. *FLRÅ 1972,* s 194-212

Robinsohn, S B (1972), *Bildungsreform als Revision des Curriculum. Ein Strukturkonzept für Curriculumentwicklung.* (1 uppl. 1967) Neuwied.

RoL frågar lärarutbildare, i: *RoL 4/1984,* s 10-13.

Spinder, Hans (utg) (1989), *Commitment and neutrality. A useful opposition?* Report of the ICCS-working group on Commitment and Neutrality.(Stencil) 1989)

Svensson, C (1989), Text och tro. Hur läsare skapar mening i bibeltexter. Örebro.

Vägar till kunskap

Almén, Edgar (1990), Använd flera materialgrupper och olika perspektiv! i: *RoL 1/90,* s 13-15.

Barnikol, H-M (1983), Religionsundervisningen som kommunikation och objektivitetsproblemet, i: *FLRÅ 1983,* s 41-50.

Barnikol, H-M (1985), Motivation och kommunikation i religionsundervisningen, i: *FLRÅ 1985,* s 105-110.

Bluck, J (1984), *Beyond technology. Contexts for Christian communication.* (WCC) Geneve.

Egidius, H (1976), Dialogen i pedagogiken; i: *FLRÅ 1976,* s 13-22.

Elfstrand, A-K m fl, (1981) Drama i religionskunskapsundervisningen. *RoL 3-4/1981,* s 8-10.

Elseth, E (1980), *Stoff og metode. Religion i den videregående skolen. Metodiske råd og vink.* Oslo.

Friare och mera verklighetsnära studier. Delprojekt inom pedagogiskt utvecklingsarbete för studieförbunden (PUST, 1982) (Rapport nr 6. Slutrapport. Frikyrkliga Studieförbundet). Stockholm.

Früchtel, U (1977), *Leitfaden Religionsunterricht. Arbeitsbuch zur Didaktik des Religionsunterrichts.* Zürich/Köln.

Jonsson, Å & Wiedel, B, *Livsnära bibelstudier.* (SKS, FS och KFUK/KFUM:s studieförbund) (utan tryckår)

Kabisch, R (1910), *Wie lehren wir Religion? Versuch einer Methodik des evangelischen Religionsunterrichts für alle Schulen auf psychologischer Grundlage.* Göttingen.

Kittel, H (1947), *Evangelische Unterweisung und Reformpädagogik. Eine Untersuchung zur Methodenlehre evang. Unterweisung.* Lüneburg.

Lendahls, B (1986), R*eligion i skolan - men hur?* Uppsala.

Lindholm, S (1982), Några personliga erfarenheter från skolans bibelundervisning *FLRÅ 1982,* s 135-140.

Musik i re. Tema-nummer om musik i re. *R&L 2/1983.*

Nilsson, L (1982), Dialogpedagogik – Teoretisk idédebatt med klassrumsrealitet; i: *FLRÅ 1978,* s 30-35.

Olingdahl, Göte (1986), Tonåringar tolkar bibeln. Sv Bibelsällskapets projekt NT 81:1. Stockholm.

Rasborg, Finn (1975), *Undervisningsmetoder och arbetsmönster. En introduktion.* Stockholm.

Schreuder, I (1980), Pedagogiken och det kyrkliga studiearbetet, i: *Kyrklig folkbildning för framtiden. Sju uppsatser att arbeta med.* Stockholm, s 97-109.

Svärdhagen, Per-Olof (1982), *Bilder och texter om dig och Gud.* Stockholm.

Weber, Hans Rudi (1983), *Experiment med bibelstudier.* Stockholm.

Wiio, O A (1976), *Kommunikation – vad är det?* Stockholm.

Kapitel 6. Utvärdering

Franke-Wikberg, S & Lundgren, U P (1982), *Att utvärdera utbildning. Del 1. En introduktion till pedagogisk utvärdering.* Stockholm.

Hansson, B (1973), Utvecklingsarbete kring undervisningen i religionskunskap, i: *FLRÅ 1973,* s 90-104.

Utvärdering i klass, arbetsenhet, rektorsområde och kommun (1983). SÖ. Kommentarmaterial Lgr 80. Stockholm.

Wallin, E (1981), *SIA-reformens förutsättningar. Forskningsresultat inom centrala områden av en skolreform.* Stockholm.

Westling, B & Pettersson, S & Fägerlind, I (1973), *Mognad och undervisning i religionskunskap. En sammanställning av några undersökningar samt en del undervisningsmetodiska synpunkter.* Stockholm.